DA

CASH LUNA

EN HONOR AL
ESPÍRITU SANTO

¡No es algo, es alguien!

La misión de Editorial Vida es ser la compañía líder en comunicación cristiana que satisfaga las necesidades de las personas, con recursos cuyo contenido glorifique a Jesucristo y promueva principios bíblicos.

EN HONOR AL ESPÍRITU SANTO
Edición publicada por
Editorial Vida — 2010
Miami, Florida

Editor general: *Rodolfo A. Mendoza Yaquian*
Edición: *Gisela Sawin*
Colaboración de edición: *Michelle Juárez*
Diseño interior: *Gus Camacho*
Diseño cubierta: *José Antonio Putzu Melgar*

ISBN: 978-08297-5760-6

CATEGORÍA: Vida cristiana/General

IMPRESO EN ESTADOS UNIDOS DE AMÉRICA
PRINTED IN THE UNITED STATES OF AMERICA

11 12 13 14 • 20 19 18 17 16 15 14

AGRADEZCO A…

Sonia, mi esposa y amiga fiel quien siempre me acompaña a emprender todo aquello que le he creído a Dios.

Mis hijos, quienes con amor me apoyaron cuando Jesús me llamó a viajar por las naciones llevando su Palabra y poder, sabiendo que los dejaría de ver por muchos días con tal de bendecir a otros. Hoy, aman al Señor y le sirven junto a mí.

Mi madre porque confió en mí cuando de niño le dije que deseaba ser misionero y me aseguró que lo lograría, aunque ninguno de los dos sabía lo que esto significaba.

Mi respetable equipo, el regalo más grande que Dios me ha dado en el ministerio, después de su Santo Espíritu. Gracias a ellos, su constante trabajo y apoyo incondicional, he podido llegar hasta donde él me ha llevado.

Los miembros de Casa de Dios, iglesia que fundé y pastoreo, por el amor y respeto que demuestran hacia mi persona y mi familia.

DEDICATORIA

Al Espíritu Santo quien es parte de la Trinidad y a quien amo profundamente. Le agradezco toda la paciencia que me tiene.

CONTENIDO

INTRODUCCIÓN

Durante mi niñez recibí varias enseñanzas sobre Jesús. Aprendí que hizo milagros, sanó enfermos, caminó sobre el agua, multiplicó panes y peces, además de sacrificarse por nuestra salvación.

Aunque de niño tuve la experiencia de saber acerca del Señor Jesús, no fue hasta el 11 de julio de 1982 que lo reconocí como mi Salvador y Señor. Ese día nací de nuevo. Su gracia me alcanzó.

Desde aquel momento, hace más de 25 años, no he dejado de servirle con devoción, compartiendo mi testimonio sin descanso, tal como hicieron los apóstoles durante su ministerio.

Esperé tanto para escribir mi primer libro porque comprendí que madurar una relación con el Espíritu Santo toma tiempo, como cualquier otra relación entre dos personas. Cuando recibí su poder y empezó a usarme para llevar su presencia y sus milagros a otras personas, sentí un gran deseo de escribir acerca de él. De hecho, redacté el primer capítulo de este libro diez años antes de publicarlo, pero me detuve a meditar que era más sensato esperar y comprobar que tendría la capacidad de mantener una buena relación con el Espíritu Santo y retener sobre mi vida el poder sobrenatural que recibí.

Tienes en tus manos un libro con lecciones de vida únicas que no encontrarás en otras publicaciones sobre el tema. Estoy seguro que esta combinación de enseñanzas y el relato de mis vivencias personales edificarán tu existencia, te motivarán a buscar su presencia y anhelarle más a él que todo lo que pueda darte.

Si al finalizar la lectura de este libro sientes más hambre y sed de Dios, entonces el objetivo que perseguí al escribirlo se habrá cumplido.

– CASH LUNA

CAPÍTULO 1

DESPIERTO, Y AÚN ESTOY CONTIGO

Hay momentos en la vida que nos hacen sentir nerviosos. Un examen final en la universidad o enfrentar a los suegros para pedir la mano de la novia, por ejemplo. ¡Imagínate los nervios el día que conocemos al amor de nuestra vida! Sentimos mariposas que vuelan en nuestro estómago. No sabemos cómo comportarnos o qué decir, y cuando por fin creemos tener las palabras adecuadas, decimos lo primero que se nos ocurre, nos tiembla la voz y luego enmudecemos. Se nos acaban las ideas y descubrimos que la gran conversación soñada, terminó en pocos minutos.

Ni hablar del día de la boda. Siempre hay algo que se olvida, o peor aún, recordamos en la luna de miel que olvidamos invitar a alguien a la ceremonia. Otro evento que nos pone muy nerviosos es el nacimiento de nuestros hijos. En mi caso, recuerdo que había planeado cada detalle con el doctor que atendía a mi esposa. El plan era que estuviera presente durante el alumbramiento, pero cuando llegó el momento de ir a la sala de operaciones, el doctor me vio tan nervioso que solo apretó mi mano y empujándome suavemente dijo: «Lo veo más tarde». Sin más, me dejó parado en el pasillo y se fue.

La verdad es que cada quien tiene sus momentos y no todos sentimos nervios por las mismas situaciones. Pero pocas veces me he sentido tan nervioso como aquel gran día de agosto de 1994. Estaba a punto de entrar en una de las iglesias más importantes de aquel entonces para gozar de una de sus famosas reuniones de avivamiento. Hacía más de once años que oraba por un mayor avivamiento en mi vida. Buscaba la presencia del Señor y su unción con todo mi corazón. Había escuchado que en esas reuniones el poder de Dios se derramaba intensamente, tanto que podía sentirse hasta en los parqueos del lugar. Mi expectativa era muy grande. Esperaba que al cruzar la puerta, el Espíritu Santo viniera sobre mí y me dejara tendido en el piso. Imaginaba que al levantarme sería el hombre más ungido que pudiera existir.

Cuando finalmente logré entrar, sufrí una gran desilusión. El poder del Señor era real y estaba allí, solo un necio podía negarlo. Había muchas personas tocadas por el Espíritu Santo, pero a mí no me sucedía nada, por lo menos no de la misma forma que a la mayoría.

A veces sentía un pequeño hormigueo sobre mi piel, pero eso era todo. Después de varios días de asistir a estas reuniones, doce para ser exacto, me frustré muchísimo. No me sucedía nada a pesar de ir dos veces diarias, o sea, un promedio de siete horas por día.

¿Puedes imaginarlo? Orar durante más de once años, manteniendo una vida en santidad, sirviendo al Señor y que… ¡no suceda nada! Comencé a cuestionarme seriamente muchas cosas. No podía negar que el poder de Dios estaba allí, pero tampoco podía afirmar que yo lo tuviera.

Cuando el predicador llamaba a quienes querían recibir la unción, es decir el poder de Dios, yo corría para estar en primera fila y después de la oración, mientras todos caían bajo el poder del Señor, seguía allí de pie. A esto debía agregar el hecho de que mi esposa era constantemente llena del poder del Espíritu Santo. Cada noche, con su mejor intención, intentaba explicarme cómo recibía el poder de Dios y se empeñaba en motivarme a imitarla.

Sonia bebía tanto de los ríos de Dios que en una ocasión, cuando bajamos del auto para entrar a la iglesia, noté que no llevaba su Biblia. Le pregunté la razón ya que ella siempre la llevaba consigo, no solo por ser cristiana, sino porque era esposa de un pastor y debía dar el ejemplo. Sonriendo me respondió: «Hoy beberé tanto del Espíritu que tendrás que sacarme en tus brazos».

Efectivamente, durante la reunión, Sonia fue tocada por el poder de Dios y quedó completamente llena de su presencia. La experiencia fue tan intensa que cuando estaba tirada sobre la alfombra me acerqué, la moví un poco y le dije: «Se te bajó la presión, ¿verdad?». Ella giró lentamente su cabeza y me dirigió una mirada tan intensa que te aseguro que en ese momento recibí el don de interpretación de miradas y me dije: «Creo que es tiempo de salir y tomarme un cafecito».

Momentos más tarde tenía que cargar a mi esposa totalmente llena de la presencia de Dios. Obviamente, ante estas evidencias mi frustración fue en aumento, al punto que un día, sentado en las gradas de aquel templo, empecé a llorar como un niño que ha perdido a su ser más querido. Entonces le pregunté a Dios por qué no recibía aquella poderosa unción como lo hacían los demás. Yo era un hombre de oración que dedicaba más de una hora diaria a hablar con él, además ayunaba y vivía en santidad.

Fue allí que Dios me confrontó:

—Carlos, tu problema es la fe —me dijo el Señor.
—Pero soy una persona a quien otros miran como hombre de fe —dije.
—Mírate, tienes dinero en tu cuenta y no puedes comprarte con gozo un buen par de zapatos.

En ese momento, Dios me desafió y cambió mi actitud.

—Si no puedes tener fe para un par de zapatos, ¿cómo puedes tener fe para ver mi gloria? ¿Qué es mayor: Mi gloria o unos zapatos?

Sinceramente, reflexioné mucho sobre la idea de escribir esta experiencia, pero no puedo dejar de hacerlo porque, aunque parezca ridículo, esta simple pregunta cambió mi vida entera.

> *Si no tenemos fe para lo material, ¿cómo la tendremos para lo espiritual? Si no tengo fe para lo pequeño, ¿cómo la tendré para lo grande?*

Por otro lado, la Biblia está llena de casos en los que Dios envía a personas a hacer cosas muy raras. Creo que eso me consoló y motivó a seguir. Por favor, medita por un momento, si no tenemos fe para lo material, ¿cómo la tendremos para lo espiritual? Si no tengo fe para lo pequeño, ¿cómo la tendré para lo grande?

En mi caso, antes de la unción vino la confrontación. Comprendí que sin fe es imposible agradar a Dios, así que al día siguiente ejercí mi fe en todo lo que hice, incluyendo, por supuesto, la compra de un buen par de zapatos. Por la noche el milagro sucedió. Le había pedido al pastor de aquella iglesia que le encargara al predicador que orara por mí el próximo domingo durante el servicio y él había accedido, pero aquella noche el Espíritu Santo me dijo: «Ya tienes lo que deseas, puedes volver a casa».

Le creí y decidí regresar, aunque no había sentido nada realmente poderoso. Esa noche mi esposa y yo nos fuimos al dormitorio. Cuando estábamos acostados, cerré mis ojos intentando descansar y comencé a sentir que me cubrían con una cobija o edredón. Pensé que era mi esposa protegiéndome del aire acondicionado. Después sentí que pusieron otra cobija y luego otra, tanto que el peso hizo que me empezara a hundir en la cama. Entonces abrí los ojos para ver qué sucedía y con sorpresa descubrí que no había ninguna cobija extra sobre mí, es más, no tenía encima otra cosa que una sábana muy liviana, sin embargo, ¡mi esposa y yo nos hundíamos con el peso sobre nosotros!

Vi a mi esposa y le dije: «Sonia, es él, es él». Ella sonrió y me dijo: «Sí, es él». Efectivamente, aquello era el peso de su poder, era su misma presencia manifiesta sobre nosotros. Esa poderosa unción que había buscado durante años no vino cuando alguien oró por mí, sino cuando le creí a Dios.

Desde aquel día experimenté una gloriosa visitación del Espíritu Santo en mi vida y ministerio. Su fuerza ha sido constante hasta el día de hoy. Su visitación fue tan intensa que no pude dormir por noches enteras. Su presencia me envolvió como un suave pero pesado manto cargado de poder. Era algo literalmente palpable, un peso sobre mí y una fuerte corriente eléctrica que bajaba y subía por todo mi cuerpo. Su Palabra venía a mi mente durante horas como una lluvia de versículos que me transformaron. Las horas pasaban hasta que por la ventana de mi dormitorio se dejaban ver los primeros rayos del sol y se hizo realidad en mi vida el Salmo 139:18 que declara: «Despierto, y aún estoy contigo».

Lo más hermoso es que desde aquel día no he dejado de experimentar la gloriosa visitación del Espíritu Santo en mi vida y ministerio. Han pasado más de quince años y lo siento tan fresco y nuevo como aquella noche. Es maravilloso saber que la presencia de Dios, en quien he creído, se manifiesta sin reservas y que puedo pasar noches enteras con él, incluso hasta el amanecer.

Ahora mismo, siento cómo soy lleno completamente de su dulce y suave presencia y oro para que al leer este sencillo pero profundo libro, tu vida nunca sea la misma, que tu hambre y sed por su presencia te lleve a buscarle con todo tu ser.

Allí, justo donde estás en este momento, él desea llenarte. En tu alcoba o quizás en tu oficina, en un restaurante mientras tomas un café, en un avión durante algún viaje o en cualquier otro lugar, si estás pasando una prueba o preparándote para trabajar.

Su Palabra enseña que su Espíritu, que ha hecho morar en nosotros, nos anhela celosamente (Santiago 4:5). El Señor te anhela más de lo que tú podrías anhelarlo en toda tu vida. El Espíritu Santo ansía que le busques, que apartes tiempo para estar con él a solas, sin nadie más alrededor. Además, desea mantenerse en comunión contigo, aun en público. Dios desea que estés atento a su voz, escuchando sus indicaciones, dirección y demandas, aun cuando estés conversando con otra persona.

> *El Señor te anhela más de lo que tú podrías anhelarlo en toda tu vida.*

NOCHES DE GLORIA

Nuestra iglesia oficialmente tenía apenas tres meses de nacida y nos reuníamos en un hotel de la ciudad de Guatemala. En ocasiones la gente ni siquiera lograba entrar a los salones porque quedaba fuertemente llena de la presencia de Dios en el lobby, los pasillos, incluso en los sanitarios. Los administradores del hotel no permitieron que continuáramos congregándonos allí porque el domingo por la mañana había más gente embriagada con el Espíritu Santo que los viernes y sábados en las fiestas donde celebraban con licor.

En diciembre de aquel mismo año fui movido por el Espíritu Santo a realizar las primeras seis noches continuas para ministrar la Palabra y el poder de Dios a todos aquellos que lo anhelaban. El alquiler del salón en el hotel era demasiado caro para realizar allí las reuniones, por lo que hablé con un amigo que presidía el instituto bíblico *Cosecha al Mundo* para que me rentara su local y celebrar allí las primeras noches. De inmediato accedió.

Aquellas reuniones ni siquiera tenían nombre y tampoco habían sido publicitadas formalmente. Toda la convocatoria fue de boca en boca, hasta que un joven me trajo la muestra de un pequeño volante que decía *NOCHES DE GLORIA*. Sí, de una manera informal, pero inspirada por Dios, comenzaron las reuniones que hoy conocemos con ese nombre y donde la gente sedienta de su presencia tiene tiempos de refrigerio, beben del vino del Espíritu y reciben grandes milagros, creciendo en el conocimiento del Señor. Las vidas de los asistentes que se acercan con fe son renovadas y nunca más vuelven a ser los mismos.

Debido a la unción del Espíritu Santo y la cantidad de testimonios de gente tocada por Dios, estas noches fueron creciendo hasta convertirse en grandes cruzadas de unción y milagros.

Es maravilloso ministrar cuando se está ungido y en ocasiones, sin decir una sola palabra, su poder empieza a obrar milagros. Un ejemplo fue lo que ocurrió en una cruzada que realizamos en Loja, una pequeña ciudad de Ecuador. Allí había aproximadamente ocho iglesias cristianas, y el noventa por ciento de la gente que asistía a las *Noches de Gloria* en el Coliseo no era cristiana nacida de nuevo.

Durante la primera noche de aquella gran cruzada llovía suavemente pero sin parar, sin embargo, la gente llegó y el lugar estaba totalmente lleno. Muchos esperaban un milagro de parte de Jesús, con quien tenían una cita que nunca olvidarían. El servicio fue hermoso, aunque prácticamente hubo que enseñar cada coro que cantamos porque nadie lo sabía. Todos levantaban sus manos cuando se les indicaba y sus voces llenaban el lugar. La adoración realmente era hermosa. Las lágrimas brotan de mis ojos al recordarla. Yo estaba totalmente entregado a la adoración, cuando de pronto, los gritos de una mujer interrumpieron el orden de la reunión. Ella estaba parada en las gradas, justo sobre el lado izquierdo de la plataforma. Creí que estaba provocando un escándalo, así que quise poner orden, según lo que mi mente pensaba que significaba esa palabra. Le pedí a uno de los miembros de nuestro equipo que averiguara qué sucedía. Entonces, logré oír con claridad lo que aquella mujer gritaba: «¡Era ciega! ¡Era ciega! ¡Era ciega!».

Jesús lo había hecho una vez más. Obró según su voluntad. Sanó a esta mujer sin preguntarle a nadie. No esperó un momento predeterminado. No siguió una agenda, ni siquiera me dijo que lo estaba haciendo. Solo lo hizo. Aquella mujer que para ese momento no había nacido de nuevo, recuperó su vista en un instante. Jesús la sanó.

Seguramente al ignorar los formalismos religiosos ella tampoco esperó un momento específico para recibir su milagro. Sencillamente mientras adoraba, una luz apareció frente a ella y oró diciendo: «Mi ojo Jesús, mi ojo». Fue entonces que sintió un fuego sobre su ojo ciego y de pronto pudo ver. El Coliseo entero enloqueció dándole al Señor la gloria y la honra.

EL PODER DE LA UNCIÓN

Ministrar sin unción es imposible. Cuando su Espíritu desciende, la atmósfera total cambia y suceden cosas que no ocurrirían si él no se manifestara. Un varón de Dios dijo: «No puedo definir la unción, pero sé cuándo está y cuándo no». Otro ministro definió la unción como «el poder de Dios manifiesto».

En realidad, casi todas las definiciones que se han dado son muy similares. Yo pienso que es el poder del Espíritu Santo sobre la vida de alguien para hacer la obra sobrenatural de Dios. Al final, el problema no es definirla, sino recibirla. Lo importante no es aprenderla, sino tomarla. Y lo difícil no es recibirla, sino retenerla.

Muchos han orado toda una vida pidiendo disfrutarla y con sinceridad confiesan no haberla alcanzado, o por lo menos admiten no ver resultados palpables. Otros han tenido alguna experiencia sobrenatural y la han recibido, pero no logran retenerla. Algunos frecuentan infinidad de reuniones y congregaciones para renovarla, ya que no han podido retenerla sobre su vida y ministerio. Peor aún, hay quienes creen que estar ungido es emocionarse al predicar, gritar y sudar sin parar.

La unción no tiene nada que ver con el estilo personal para hacer las cosas. Unción es la esencia del poder del Espíritu Santo manifiesto sobre una persona. No es una paloma que bate sus alas deseando llegar a tu vida y mantenerse sobre ti por arte de

Unción es la esencia del poder del Espíritu Santo manifiesto sobre una persona.

magia o por algún truco religioso. La unción llegará y permanecerá a través de la genuina búsqueda de Dios y su poder. La Biblia nos dice en el Salmo 105:4-5: «Recurran al Señor y a su fuerza; busquen siempre su rostro. Recuerden las maravillas que ha realizado, sus señales, y los decretos que ha emitido».

Debemos buscar a Dios como *persona*, es decir, como alguien con quien se puede tener una relación íntima. Debemos buscar su rostro y también su poder. Si prestas atención a la Escritura notarás que el salmista le está recordando al pueblo las maravillas y prodigios del Señor. Además, los exhorta a que busquen su rostro y poder si desean verlos manifiestos. Aun la misma Palabra revelada, lo que algunos han llamado el Rhema de Dios (Palabra de Dios para alguien específico, en un momento y con un propósito específicos), vendrá si se busca su presencia, ya que es la única forma de escuchar su voz revelándola para cada momento.

Ser ungido no es casualidad o suerte. La unción es para aquellos que buscan al Señor, su rostro y su poder. La sentirás sobre tu vida como resultado de una diligente, sincera y apasionada búsqueda de su presencia. Si bien es cierto que Jesús pagó el precio en la cruz del Calvario y la recibimos por la gracia de nuestro Señor, también es verdad que no la dará a quienes no la valoran. De hecho, algunos la han perdido por esa misma razón.

Si estás leyendo este libro es porque deseas con todo tu corazón recibir la unción, retenerla y hacerla crecer sobre tu vida y ministerio. Mi querido amigo, existe algo más allá de la unción y quiero mostrártelo.

CAPÍTULO 2

NO LO
LOGRO ENTENDER

Hace años, mi esposa y yo participamos de un retiro para matrimonios. La pareja de amigos con quienes compartimos la cabaña nos platicó sobre los temperamentos que la psicología define como rasgos típicos de nacimiento. Según estudios, se han definido cuatro tipos básicos: sanguíneo, colérico, melancólico y flemático. Mientras nos explicaba cada uno, identifiqué mi carácter como una mezcla de dos tipos específicos.

Allí mismo nos hicieron la prueba para identificar los temperamentos y confirmé lo que había pensado, dos de ellos resultaron predominantes en mi vida muy por encima de los otros. Cuando leí las ventajas que tenían, me emocionó leer los rasgos positivos que conllevan, pero me decepcioné al enterarme de las debilidades. Mi pensamiento fue: «con esas características no llegaré a ningún lado».

Esa noche no pude dormir pensando que mi vida entera estaría condenada a las debilidades de mis temperamentos. Quería servir al Señor en sus fuerzas, no en las mías. No quería jactarme de alcanzar el éxito usando mis habilidades naturales o frustrarme al fracasar por mis defectos.

Me pregunté qué papel jugaba el Espíritu Santo en nuestra vida si vamos a vivir de acuerdo a los temperamentos. Si afirmaba que mis debilidades humanas eran imposibles de superar o me escondía detrás de mi personalidad, impediría que el Espíritu Santo me trasformara.

Imaginé el día que tuviera que dar cuentas a Dios tratando de justificarme por mi temperamento natural, diciéndole que por eso no hice lo que debía. ¿Cómo le diría a Dios que no hice las cosas que me mandó a hacer porque soy temeroso, o que no perdoné porque mi temperamento es el de una persona que se resiente por todo? ¿Cómo le diría a Dios que logré mis objetivos, pero pasando por encima de la personas? ¿Cómo le diría que me distraje en el camino porque mi temperamento es de los que rara vez termina lo que comienza? Eso era inconcebible para mi mente y por eso me negué a vivir así.

Entonces tomé una decisión, una de las más importantes de mi vida. Decidí someter mi temperamento a la obediencia del Espíritu Santo. Pensé que si me predisponía y creía que contaba únicamente con las fortalezas y debilidades heredadas, viviría por la fuerza de mi carne y no buscaría al Espíritu Santo para que me ayudara a dar fruto, porque asumiría que mis debilidades son incorregibles y no existiría la obra trasformadora en mí. Por eso creí que al producir el fruto del Espíritu en mi vida, como el amor, paciencia, mansedumbre o templanza, seguramente todos ellos juntos superarían las debilidades de cualquier temperamento. Cada vez que enfrentaba una de mis debilidades sometía mi vida al Señor. Cuando se las presentaba, él nunca me rechazó diciéndome: «No puedes hacerlo porque eres distraído de nacimiento», o «No te puedo escoger para una obra grande porque nunca la vas a terminar».

Años más tarde hice el mismo examen y el resultado fue que los cuatro temperamentos salieron balanceados en mi vida. Esto es fruto de haber sometido mi comportamiento diario al Espíritu Santo hasta formar nuevos hábitos que han vencido la mayor parte de esas debilidades.

¡Fue glorioso comprobar que el Espíritu Santo es capaz de ayudarnos con nuestras debilidades y convertirnos en las personas que deseamos ser!

El Señor nos enseñó en la parábola de los talentos acerca de un hombre que intentó justificarse ante su señor por haber enterrado el talento que le había sido confiado. Dijo: «Tuve miedo», lo que significa que fue dominado, no por un adulterio, fornicación o inmundicia, sino por un simple temor.

¡El Espíritu Santo es capaz de ayudarnos con nuestras debilidades y convertirnos en las personas que deseamos ser!

No es necesario cometer actos lascivos, herejías, adulterios, fornicaciones u orgías para ser carnales. Basta con dejarse dirigir por una naturaleza caída para serlo. Si intentas servir a Dios tomando como base tu naturaleza humana, terminarás justificando tus fracasos y debilidades. Si dices que el temperamento es tu única fortaleza pero también tu debilidad, ¿dónde está entonces la fuerza del Espíritu? Al hablar de esta manera reconoces que caminas de acuerdo a tu propia fuerza.

No puedo negar la existencia de estos temperamentos, es más, hemos utilizado este estudio para conocer mejor a nuestros hijos y educarlos, y mi esposa Sonia lo ha usado en ciertas enseñanzas que ha impartido. Pero estoy seguro que el Señor no habría hecho la obra que ha realizado en nuestro ministerio si no hubiera sometido las debilidades de mi carne al Espíritu Santo. En vez de justificarlas con los temperamentos, decidí someterlas a la obediencia al Señor.

EL PODER TRANSFORMADOR

En una oportunidad, conversando con mi suegro, un hombre que llegó a ser gran amigo mío, me relató esta historia. Cierta vez, los directivos de una iglesia estaban en el proceso de decidir a quién invitar a ministrar en una de sus reuniones. Uno de ellos, un hombre mayor, insistía en invitar a un joven que demostraba tener la unción sobre su vida y que Dios lo acompañaba con señales y prodigios. Fue tal la insistencia que otro integrante de la directiva se enojó y dijo: «¿Por qué tiene que ser ese joven? Pareciera como si tuviera el monopolio del Espíritu Santo». A lo que el anciano respondió: «Seguramente no, pero el Espíritu Santo sí tiene el monopolio del joven».

Después de contarme esta historia, mi suegro concluyó diciéndome: «Jamás podrás tener el control del Espíritu Santo, pero procura ser ese joven de quien el Espíritu Santo tiene el control».

Muchos desean ser usados por el Señor para transformar la vida de otros, pero pocos quieren ser transformados por él. No dudo que estás leyendo este libro porque te interesa la unción, pero quiero recordarte que esta recibe el calificativo de «santa». La unción trasformadora estará sobre personas que desean ser transformadas, y no solo sobre aquellos que desean ser usados para transformar a otros. Es necesario comprender que la santidad está basada en la fe que tenemos en la gracia de Jesús, capaz de santificarnos.

La unción trasformadora estará sobre personas que desean ser transformadas, y no solo sobre aquellos que desean ser usados para transformar a otros.

La gente se ha equivocado al interpretar la santidad como el comportamiento perfecto, libre de defectos y errores. Pero no es así. Vivir en santidad es entregarte a cumplir aquellos mandatos que él nos da y que nos transforman cada día. Si el Señor toma barro en sus manos para hacer una vasija, desde el momento que lo toma es santo, porque la palabra santo significa «apartado para él». Dios apartó ese barro para darle forma. La gente se equivoca al pensar que si alguien es perfecto, Dios lo ungirá. Pero eso no es verdad en ningún hombre a lo largo de toda la Biblia. No hay profeta o apóstol en todas las Escrituras que haya sido perfecto, y hoy seguramente tampoco existe uno, pero sí hay quienes se han consagrado a él para vivir una transformación constante, como el barro en las manos del alfarero.

Algunos, al ver el poder de Dios manifiesto a través de mi vida, podrían pensar que soy perfecto, pero no es así. Estoy lejos de alcanzarlo, pero una cosa hago, consagro mi vida a Dios todos los días para que me siga transformando.

El Salmo 139:1-6 dice: «Señor, tú me examinas, tú me conoces. Sabes cuándo me siento y cuándo me levanto; aun a la distancia me lees el pensamiento. Mis trajines y descansos los conoces; todos mis caminos te son familiares. No me llega aún la palabra a la lengua cuando tú, Señor, ya la sabes toda. Tu protección me envuelve por completo; me cubres con la palma de tu mano. Conocimiento tan maravilloso rebasa mi comprensión; tan sublime es que no puedo entenderlo».

No podemos ser trasformados sin su presencia. Dios nos llena esperando convertirnos en portadores de su santa unción a donde vayamos. Él nos da su Espíritu no porque seamos santos, sino para que lleguemos a serlo. Sin su presencia es imposible alcanzar la santidad.

Cuando leí por primera vez este salmo supuse que los pensamientos, las palabras, el caminar, el acostarse y el levantarse de aquel hombre eran perfectos, y por eso Dios lo había rodeado, pero conforme medité en la Escritura y con los años que he pasado en su presencia me di cuenta que estaba equivocado. Meditemos en su palabra por un momento. El salmista dice: «Tu protección me envuelve por completo; me cubres con la palma de tu mano. Conocimiento tan maravilloso rebasa mi comprensión; tan sublime es que no puedo entenderlo».

Si este hombre fuera perfecto en su actuar, pensar y sentir, la presencia de Dios hubiera sido completamente natural para él, se hubiera sentido merecedor de tal privilegio, pero no era así. Creo que pensó diferente. Se dio cuenta que por muy bueno y justo que fuera su comportamiento, no era suficiente para estar ante semejante presencia, y por eso se declaraba indigno. Sus palabras podrían ser: «Señor, ¿cómo te atreves a rodearme con tu presencia y a poner tu mano sobre mí, conociéndome como me conoces? Sabes que no soy el mejor de tus hijos, sabes que mis pensamientos no siempre son buenos y que mi actuar no es perfecto».

UN ENCUENTRO EN LA INTIMIDAD

Amigo, el Señor conoce tus palabras cuando aún no están en tu boca. Conoce tu corazón y cada detalle de tu ser, sin embargo, su mano está sobre ti y ha decidido rodearte con su presencia. ¿Acaso no es maravilloso e incomprensible tal conocimiento? Él no espera que seas perfecto para rodearte, más bien te rodea para que puedas mejorar. No debes ser santo para recibirle, sino que la presencia de Dios te ayuda a ser santo como él.

> *No debes ser santo para recibirle, sino que la presencia de Dios te ayuda a ser santo como él.*

¿Por qué creo que es así? Porque unos versículos más adelante la Palabra dice: «¿A dónde podría alejarme de tu Espíritu? ¿A dónde podría huir de tu presencia? Si subiera al cielo, allí estás tú; si tendiera mi lecho en el fondo del abismo, también estás allí. Si me elevara sobre las alas del alba, o me estableciera en los extremos del mar, aun allí tu mano me guiaría, ¡me sostendría tu mano derecha!» (Salmo 139:7-10).

Ahora te pregunto: ¿Por qué querría un hombre tan justo huir de la presencia de Dios? Probablemente tanta presencia lo hacía sentir indigno. En mi caso, los once años que oré y pedí su unción no se comparan con lo que recibí y ahora tengo. Su deseo de concedérmela sobrepasó mi deseo de tenerla. Mi tiempo de oración no tiene proporción con el precio que él pagó en la cruz. Dios quiere darte tanto que cualquier cosa que hagas queda pequeña frente a su deseo de ungirte. La unción que recibes del Señor no es producto de lo que hagas por obtenerla, sino de su intenso deseo de dártela. Siendo un tesoro de incalculable valor, te la dará solamente si la deseas y aprecias.

Él quiere rodearte y te buscará donde estés. No importa cuánto intentes esconderte o huir, no existe el lugar donde él no pueda encontrarte. Dios literalmente está persiguiéndote para transformarte. Si deseas tener la unción sobre tu vida y ministerio, lo primero que debes hacer es dejar que esa presencia te inunde de pies a cabeza y de adentro hacia afuera.

Debes ser sensato y dejar que la presencia del Señor te transforme para luego buscar la unción que te permita ayudar a cambiar a otros. No hay nada tan maravilloso como dejar que el Espíritu Santo obre en nosotros y nos transforme.

El profeta Isaías sufrió una trasformación en la presencia de Dios antes de poder decir: «Heme aquí, envíame a mí». Su boca, su lengua, todo su ser cambió ante la gloria del Señor. Al estar en su presencia sintió un miedo de muerte y su pecado le fue revelado.

Nuevamente podemos ver con claridad el proceso: La presencia de Dios lo rodeó, un ser angelical bajó del trono de Dios y tomó un carbón encendido para transformarlo. No lo rodeó porque su caminar fuera perfecto, sino para que pudiera serlo.

Las personas transformadas por el Señor son gente de oración que mantienen una comunión e intimidad con él. No solamente estudian la Palabra, sino que pasan tiempo ante su presencia. Aquel que busca a Dios para que su corazón, sus palabras y sus pensamientos sean escudriñados, reconociendo que necesita ser transformado, es quien conocerá más profundamente al Espíritu que puede hacerlo.

Las personas transformadas por el Señor son gente de oración que mantienen una comunión e intimidad con él. No solamente estudian la Palabra, sino que pasan tiempo ante su presencia.

Si no quieres que el Espíritu de Dios cambie tu vida tampoco lo conocerás mucho. Podrías tener conocimientos teóricos acerca de él, pero no necesariamente lo conocerás en la intimidad. Cuando desnudas tu vida delante del Espíritu te sometes a un cambio radical en tu forma de pensar, hablar y actuar, además de recibir la manifestación de su verdadera naturaleza. Él te revelará su Espíritu si tú le desnudas el tuyo. Mientras más le abras tu corazón, más te abrirá el suyo. Recuerda: Acércate a Dios y él se acercará a ti.

Esa es la «oración contempladora», aquella que ocupa tiempo en contemplar a Dios y su majestad, la que verdaderamente transforma, no la que solamente repite vanas palabras. El cambio profundo empieza en el momento que llegas a sus pies y le dices: «Señor, soy una persona de corazón duro y lo sabes, no lo puedo esconder de ti». Cuando estás delante de su presencia y le dices: «Señor, tú conoces mi carácter, conoces lo que hago, conoces cada cosa que digo, aquí estoy, cámbiame», expones tu vida a una trasformación que gradualmente te llevará a conocer íntimamente al Espíritu. Él busca en intimidad a quienes demuestran su anhelo por encontrarlo.

Aunque te cueste creerlo, no debes pensar solamente en cuánto lo anhelas tú a él, sino también en cuánto él te anhela a ti. Por eso la Escritura enseña que el Espíritu Santo te anhela celosamente.

Recuerdo que en una oportunidad le pedía al Señor que se manifestara y que hiciera descender su poder en las reuniones y tocara a la gente. Oraba para que esto siempre ocurriera. Pero un día el Espíritu Santo me habló y me dijo: «Hoy descenderé con mi poder no porque la gente me anhele, sino porque es mi anhelo hacerlo». Y añadió: «Muchos han enseñado que deben de anhelarme, pero pocos han comprendido cuánto los anhelo a ellos». Y continuó explicando: «En la comunión entre dos personas, el anhelo es mutuo y no hay deseo más grande que el mío por ustedes». Buscar al Espíritu es el inicio de una maravillosa relación entre él y tú.

Si nos anhela tanto que quedó escrito, aprovechemos esa circunstancia para anhelarlo nosotros. Este deseo y búsqueda de doble vía producirá una maravillosa relación: el amor que le demos y el que recibiremos de él.

Estimado lector, aunque seas una persona exitosa, buen estudiante, gran empresario y profesional, necesitas alcanzar el éxito espiritual. Ver la Gloria de Dios reflejada en tu vida es el mayor de los éxitos. Búscala.

CAPÍTULO 3

NO ES ALGO, ES ALGUIEN

Una noche desperté repentinamente a las tres de la madrugada con un profundo llanto. Me había dormido pensando en la forma de explicar las manifestaciones del poder de Dios a quienes lo cuestionaban. Cuando la presencia de Dios se manifiesta, ocurren cosas inusuales. Por ejemplo, personas caen al suelo o tiemblan ante una descarga de poder divino sobre ellas. Es difícil comprender la razón de la duda y cuestionamiento de aquellos que observan, ya que los humanos estamos acostumbrados a ver las reacciones que el cuerpo tiene ante determinadas cosas, como la anestesia. No nos llama la atención cuando alguien está como atontado, adormitado y sin capacidad tan siquiera para hablar como resultado de un medicamento. Los efectos de las cosas naturales e incluso químicas son aceptados por nuestra mente, pero nos cuesta asimilar los efectos provocados por el poder del Espíritu Santo. Con mucha tristeza veo cristianos avergonzados por esas manifestaciones de poder. Se sienten tan confundidos que incluso intentan esconderlas para evitar que la gente se asuste.

Esa noche desperté llorando. No era un llanto de tristeza o agradecimiento, sino provocado por la sensación de haber recibido una impresión muy fuerte. No sabía de dónde venía, pero podía sentir la presencia del Espíritu Santo frente a mí diciéndome: «Donde quiera que vayas, dile a mi gente que los amo como son, con sus virtudes, fortalezas, defectos y debilidades». Luego de esa frase se hizo silencio y lloré más intensamente, sabía que él no había terminado de hablar. Efectivamente, continuó diciendo: «Quiero que les digas que me acepten como soy, no como pretenden que sea, porque no puedo negar quién soy».

Entonces vinieron a mi cabeza imágenes de reuniones en las que he ministrado. Vi al Espíritu Santo acercándose a una persona que no aguantaba semejante presencia y se quebrantaba llorando. Luego lo vi acercándose a otra persona que simplemente reía a carcajadas porque un gozo sobrenatural la inundaba. Otro temblaba al no tolerar ese gran poder. Y mientras él se acercaba a la gente, los cuerpos reaccionaban ante su poder. Otros, en la misma reunión, se incomodaban y molestaban juzgando esas manifestaciones. Luego sentí que él me miraba y con su expresión me decía: «¡Qué quieren que haga! Así soy yo».

En ese momento comprendí que no puedo darle la mano a un campeón de levantamiento de pesas sin sentir en ese apretón una presión más fuerte de lo común, aunque para él es simplemente su fuerza natural. No puede evitar apretar con fuerza porque así es él. Intentar evadir las manifestaciones del Espíritu Santo es como querer acercarse a una flor y no sentir su aroma, meterse al agua sin mojarse o poner la mano al fuego y pretender no quemarse. Todo eso sucederá porque la naturaleza de los elementos no puede negarse a sí misma. El Espíritu Santo tampoco puede negar su naturaleza solo porque algunos no lo entiendan. Si él es capaz de aceptarnos a pesar de la clase de personas que somos, nosotros también debemos aceptarlo a él tal y como es.

Intentar evadir las manifestaciones del Espíritu Santo es como querer acercarse a una flor y no sentir su aroma, meterse al agua sin mojarse o poner la mano al fuego y pretender no quemarse.

Su presencia es poderosa, y es inevitable sentirla cuando está a nuestro alrededor o nos inunda. Pensar en evitarlo es tan ingenuo como meter el dedo en un tomacorriente y pretender que la electricidad no nos sacuda. La electricidad provoca una reacción en nuestro cuerpo aunque no sepamos cómo funciona, de la misma manera que las manifestaciones del poder de Dios causan un efecto en nuestro cuerpo, aunque no las entendamos del todo.

El Espíritu Santo no debería evitar el momento de manifestarse por temor a impresionarte. Si lo hiciera, no sería él. Imagina que hubiera círculos religiosos donde no imponen manos porque la gente se cae y quieren evitar que los nuevos miembros se asusten. Con esa actitud, seguramente ahora, en nuestro tiempo, Jesús no hubiera podido resucitar a Lázaro ni caminar sobre el agua. Imaginemos por un momento a los discípulos pidiéndole que sea más discreto porque ponerle saliva mezclada con barro en los ojos a alguien o multiplicar los panes y peces son actos escandalosos. Quizá le dirían: «Cuidado Jesús, mira que ya te quieren hacer Rey. Piensan que eres político y que por eso les diste de comer a todos. ¿Qué te parece si llevamos adelante un ministerio más calmado?». Yo no me atrevería a proponerle semejante cosa a Jesús ni al Espíritu Santo. Recordemos que él es el Señor y nosotros solamente somos sus siervos. Prefiero el fracaso a limitar su poder.

Él no puede negarse a sí mismo. Tenemos que aprender a conocer y a aceptar al Espíritu tal y como es, y no como deseamos que sea. De esa forma lo reconoceremos donde quiera que esté. Debemos pedirle perdón al Señor si hemos querido juzgarle con nuestra mente tan pequeña. No trates de entender el poder de Dios que se manifiesta de tantas formas tan extrañas como abrir el mar, derribar los muros o resucitar a los muertos. No podemos esperar que actúe o piense como los hombres, porque no es uno de ellos, él es Dios. Respeta y ama su personalidad para poder relacionarte con él.

LA TERCERA PERSONA

¿Quién es la tercera persona de la Trinidad? Cuando hago esta pregunta me responden que es el Espíritu Santo, porque es lo que aprendimos desde niños. Es verdad que el Espíritu Santo es una de las tres personas que componen la Trinidad, pero no necesariamente ocupa el tercer lugar. No existe un pasaje en la Biblia que lo afirme.

Aun así, en la mente de la mayoría el Espíritu Santo ocupa el tercer lugar, porque tenemos grabada en nuestro subconsciente una enseñanza equivocada. El problema de ser «la tercera persona» es que nadie le presta atención a quienes ocupan el tercer lugar en algo. Pregunta quién ganó una competencia y muchos sabrán el nombre del campeón, tal vez incluso respondan quién quedó en segundo lugar, pero nadie sabe qué equipo terminó en el tercer puesto.

El Espíritu Santo no ocupa el tercer lugar en la Trinidad. Él es tan importante como el Padre o el Hijo, siendo los tres uno solo. Al interpretar que el Espíritu Santo es la tercera persona de la Trinidad, en su subconsciente la gente le da el tercer puesto en importancia sin ser así. No puedes tener una buena relación con el Espíritu Santo si no le das la importancia que merece. Tu comunión con él será mejor cuando lo valores como la divina persona que es.

> *El Espíritu Santo no ocupa el tercer lugar en la Trinidad. Él es tan importante como el Padre o el Hijo, siendo los tres uno solo.*

Al escuchar acerca de él, nuestra mente siempre piensa en objetos con los que lo relacionamos, como si fuera «algo» y no «alguien». Pensamos que es una paloma porque fue la forma que tomó al descender en el bautismo de Jesús, o creemos que es fuego porque recordamos las llamas sobre la cabeza de los discípulos el día de Pentecostés. Pero no es una paloma y no es fuego, es una persona de la divinidad con quien puedes relacionarte. Embriaga como vino pero no es vino, unge con aceite pero no es aceite, se siente como un soplo pero no es viento, y nos llena con ríos de vida pero no es agua. El Espíritu Santo es una persona divina, no natural.

Él habla, escucha, enseña y nos anhela. Nos guía, nos recuerda la Palabra, nos santifica e intercede por nosotros. Se le puede resistir y apagar, se le puede hacer enojar o entristecer. No podemos estudiarlo sistemáticamente, pues no podemos encerrar en un concepto a una persona. De la misma forma que no me serviría estudiar todas las cualidades de mi esposa Sonia si no tengo comunión con ella, así mismo es inútil entender todo sobre él si no tengo comunión en su presencia. El Espíritu Santo es sobrenatural. Más que estudiarlo hay que conocerlo, y para lograrlo hay que tener intimidad con él.

Ser bautizado en el Espíritu Santo y hablar en otras lenguas no significa que le conozcas. Conocer todos sus atributos y cualidades no necesariamente conduce a una mayor intimidad. Igual que en una relación con otra persona, debes pasar tiempo con él para conocerlo. Lo más importante en nuestra vida debería ser caminar en la presencia de Dios. Su compañía vale más que cualquier cosa. Por esa razón, el Señor nos ha dado al Espíritu Santo que nos acompaña y nos da el poder de Dios.

LA IMPORTANCIA DEL ESPÍRITU SANTO

Toda la Biblia muestra la importancia que el Espíritu Santo tuvo en la creación, con los profetas, en la vida de Jesús y la evolución de la iglesia primitiva. Fue él quien engendró a Jesús en el vientre de María. Su llenura fue lo primero que le dio a Juan el Bautista cuando ambos estaban aún en el vientre de sus madres. Elisabet sintió que el bebé brincó de alegría en sus entrañas y fue lleno del Espíritu Santo al escuchar la voz de María. Jesús no había nacido todavía, pero el Espíritu Santo ya se había manifestado a través suyo. Lo primero que dijo Juan el Bautista acerca de nuestro Señor fue que bautizaría en Espíritu Santo y fuego. Al siguiente día lo llamó «el Cordero que quitaría el pecado del mundo», sugiriendo que el bautismo en el Espíritu es tan importante como la redención. Juan el Bautista reconoció que Jesús era el Mesías porque vio descender y permanecer al Espíritu Santo sobre su cabeza.

Cuando Jesús fue bautizado en agua, escuchó la voz del Padre desde el cielo y vio al Espíritu que vino sobre él en forma de paloma. Inmediatamente después, en Lucas 4:1, dice: «Jesús, lleno del Espíritu Santo, volvió del Jordán, y fue llevado por el Espíritu al desierto». Luego del desierto y vencer las tentaciones, en Lucas 4:14 dice: «Jesús regresó a Galilea en el poder del Espíritu, y se extendió su fama por toda aquella región». Es decir, que la fama de Jesús creció por el poder del Espíritu Santo.

En su ministerio sanó a los enfermos y curó dolencias porque estaba ungido con el Espíritu. También declaró a los fariseos que si por el Espíritu echaba fuera demonios, era porque el Reino de Dios se había acercado. ¿Y sabes de quién habló en su primer mensaje en la sinagoga? ¡Habló acerca del Espíritu Santo!

En la última cena, el día que iba a ser entregado, dio instrucciones a sus discípulos. Muchas de ellas fueron acerca de la obra del Espíritu Santo, llegando incluso a asegurarles que era conveniente su ausencia para que el Consolador llegara. Cuando Jesús murió se entregó mediante su Espíritu eterno y resucitó por el mismo poder.

Antes de ascender al cielo se le apareció a sus discípulos durante cuarenta días, les dio mandamientos por el Espíritu y les comunicó la promesa del Padre de bautizarlos en poco tiempo en el Espíritu Santo.

En el día de Pentecostés fueron llenos al aparecer lenguas de fuego sobre sus cabezas. En ese momento, el apóstol Pedro se puso de pie y dio el primer mensaje de la historia de la iglesia cristiana. ¿Cuál fue su primer tema de predicación? ¡El Espíritu Santo! Dijo: «Compatriotas judíos y todos ustedes que están en Jerusalén, déjenme explicarles lo que sucede; presten atención a lo que les voy a decir. Éstos no están borrachos, como suponen ustedes. ¡Apenas son las nueve de la mañana! En realidad lo que pasa es lo que anunció el profeta Joel: "Sucederá que en los últimos días —dice Dios—, derramaré mi Espíritu sobre todo el género humano» (Hechos 2:14-17a).

Luego habló de Jesús como el enviado de Dios para salvar al mundo. Durante el mensaje la gente compungida de corazón empezó a aceptar a Jesús como su Salvador, y de inmediato les dio la promesa del don de Dios: el Espíritu Santo.

Su presencia era lo más importante en la iglesia primitiva. Leemos en el libro de los Hechos una y otra vez cómo el Espíritu Santo se manifestaba. Ellos oraban para que todos fueran bautizados en el Espíritu. Ministraban en su poder, ¡incluso ser lleno del Espíritu era un requisito para los futuros diáconos! Pero ahora sucede lo contrario. Le hemos restado importancia, y es de lo último que se habla. Al parecer se le da importancia solo para las vigilias, para el bautismo o para recibir sus dones. Esto no puede ser. Debemos volver a la senda antigua, por la que caminó Jesús y sus discípulos. En esta senda lo primero que se reconoce es su presencia.

Si le has quitado importancia al Espíritu Santo debes pedirle perdón a Dios. Si te has enfriado y has tomado una mala actitud para con Dios y el Espíritu Santo, es un buen momento para acercarte de nuevo.

No existe razón para que te apartes del Señor, no ganas nada alejándote del camino y de la presencia del Espíritu Santo. La clave de todo mover de Dios está en que entiendas y creas en la importancia que tiene el Espíritu Santo como la persona divina que es y te comportes de acuerdo a esa fe.

> *La clave de todo mover de Dios está en que entiendas y creas en la importancia que tiene el Espíritu Santo como la persona divina que es y te comportes de acuerdo a esa fe.*

Sé sincero contigo mismo y sensato en tus actos. Dios nunca te ha hecho nada malo para que te apartes de él. Todo lo contrario, ha tenido paciencia, te ha bendecido, te ha amado siempre y ha luchado por ti. El Espíritu Santo siempre está contigo y es tu Consolador. Te unge, te da fuerzas y poder.

COMUNIÓN E INTIMIDAD

Hace tiempo, aún soltero, pasé por una prueba económica muy fuerte. Debido a esto tuve que dejar de estudiar en la universidad, aunque años después pude regresar a ella para graduarme. Pero en esos tiempos, por razones ajenas a mi buena voluntad, me quedé sin tener dónde vivir. El día que tuve que salir de la casa en donde estaba, sin saber a dónde iba y dónde dormiría aquella noche, le dije a Dios: «Iré a la iglesia a adorarte, sin preocuparme por dónde habré de dormir, y sé que tú me proveerás».

Adoré al Señor con todo mi corazón en aquel servicio, y la paz de Dios me sobrecogió. Al terminar, un amigo se acercó y me invitó a almorzar a la casa de su abuelita. Lo primero que vino a mi mente fue: «Ya Dios proveyó donde comer». Luego del almuerzo, mi amigo me dijo que podía quedarme a dormir en su casa, pero el único lugar que había era un cuartito que solo contaba con una alfombra. ¡Yo saltaba de alegría porque ya tenía un techo donde pasar la noche! Al despedirnos de su abuelita, ella me dijo que tenía algo que enseñarme y me llevó a la parte de atrás de su casa, al dormitorio de servicio, y me mostró una cama plegable, lo que en algunos lugares se conoce como «catre». Me preguntó si me serviría para no tener que dormir en la alfombra, y lo acepté con mucha gratitud. Aunque mohoso y con olor a humedad, con un poquito de limpieza quedó maravilloso. ¡En ese momento sentí que ya había comenzado a prosperar! Dios no dejó que durmiera en el piso, sino que ya tenía esa cama. Entendí que aunque tuviera con qué comprar la mejor cama del mundo, no podía comprar el sueño ni el descanso que solo el Señor me podía dar.

Para muchos esa soledad podría ser letal, se llenarían de tristeza y pasarían quejándose todo el tiempo. Sin embargo, yo esperaba con ilusión ese tiempo a solas con él en aquel dormitorio.

En ese entonces, Sonia y yo ya éramos novios. Todos los días después de mi trabajo la iba a visitar, y de allí emprendía la travesía de regresar a la casa de mi amigo, donde vivía. Siempre recordaré la hora en que salía, porque al encender la radio cristiana comenzaba la programación en inglés. Así aprovechaba el largo camino para adorar y meditar en la Palabra de Dios por medio de este programa. Pero lo que más deseaba era llegar a aquel pequeño dormitorio y disfrutar de su presencia en mi soledad.

Una amiga amablemente me prestó una guitarra muy particular. Era más pequeña del tamaño estándar, no tenía las seis cuerdas, pues le faltaba una, y las cinco que le quedaban estaban desafinadas. Como no soy músico no sabía afinarla, y tampoco me importaba que no tuviera la sexta cuerda. Así que en ese pequeño cuarto con la guitarra desafinada, y más desafinado yo, aprovechaba mi soledad para adorar a Dios, sin saber que él me estaba preparando para caminar en su poder. Fue allí donde aprendí a buscarle.

A lo largo de esta experiencia aprendí que si el Espíritu Santo está con uno, jamás estaremos solos. ¡Qué mal se debe sentir él, siendo nuestro compañero, cuando escucha nuestras protestas de soledad! Si él está contigo, jamás te quejes de estar solo.

Aprende a aprovechar tus momentos de soledad. A veces son necesarios para conocer íntimamente a la persona del Espíritu Santo.

Fue así como conocí profundamente al Espíritu Santo. En esa soledad aprendí a conocer «al que todo lo puede». Meditaba, oraba y le cantaba. ¡Era hermoso! Hoy recuerdo esos tiempos como una de las épocas más lindas de mi vida. Se conoce tanto a Dios en la intimidad. ¡Gracias, Señor, por esa bendita soledad!

Aprende a aprovechar tus momentos de soledad. A veces son necesarios para conocer íntimamente a la persona del Espíritu Santo.

Muchos quieren ser llenos del Espíritu Santo, pero no ser guiados por él. Jesús fue guiado al desierto para estar a solas en intimidad con él y recibir su poder. Hay quienes no creen que el Espíritu pueda guiarles a un desierto, porque lo asocian con algo malo. Pero puede tomarte de la mano y llevarte a momentos de soledad para que lo conozcas más. Cuando estés atravesando ese desierto no hagas menos al Espíritu renegando de tu soledad, porque él nunca te abandonará, siempre estará contigo para ayudarte, como lo estuvo con Jesús.

Si has sido lleno de la presencia del Espíritu Santo debes dejarte guiar por él. La llenura y el caminar con el Espíritu son dos cosas diferentes. Hay un desierto en medio de ellas. El mismo donde debes aprender a estar a solas con él para que te invite a que le conozcas y puedas caminar en su poder, porque no se puede caminar en el poder de alguien que no conoces.

El apóstol Pablo escribió: «Que la gracia del Señor Jesucristo, el amor de Dios y la comunión del Espíritu Santo sean con todos ustedes» (2 Corintios 13:14).

El amor del Padre se manifestó al enviar a su Hijo a morir por nosotros, y la gracia de Jesucristo se manifestó en la cruz al salvarnos del pecado y de la muerte. El Espíritu Santo es la persona divina que ahora está con nosotros, con quien podemos hablar, tener comunión e intimidad.

Una cosa es tener comunión con el Espíritu y otra es tener intimidad. Tener comunión con alguien es compartir tiempo con esa persona, hablarse y escucharse mutuamente. Tú puedes tener comunión con él mientras vas en el carro, en tu trabajo o en la fila del banco. Puedes hablar constantemente con él durante todo el día.

Sin embargo, tener intimidad implica estar a solas con él en un lugar donde nada ni nadie te interrumpa. Allí se manifestará y te mostrará lo que tiene para ti. De esa forma es como se revelan la mayoría de sus planes para tu vida y eres transformado por su poder. Es allí donde son reveladas cosas que ojo no vio ni oído oyó, y no pueden aprenderse de otro ser humano. Él desea revelarte lo que te ha sido concedido, las cosas de Dios y lo profundo de su ser. Esto no lo aprendes únicamente leyendo, sino pasando tiempo en su presencia.

Lo primero que el Espíritu te revela en intimidad son las cosas que el Padre tiene para tu vida. Te dice qué y cuándo pedir, pues sabe qué te toca y en qué momento. Luego te enseña las cosas de Dios, sus características como proveedor, salvador y sanador. Y por último te muestra lo profundo de Dios, aquello que está en su corazón: cómo piensa, qué le agrada y desagrada. Esas son las profundidades de Dios.

Cuando no buscas intimidad con el Espíritu pierdes muchas bendiciones, pero sobre todo, dejas de conocer lo más profundo del carácter y el corazón de Dios. Por eso, para conocer al Padre es necesario tener comunión con su Espíritu. Él escudriña tanto el corazón de Dios como el nuestro y los hace uno solo.

Levanta tus manos ahora mismo al Señor y cierra tus ojos. Búscalo. Estar a los pies del maestro con una guitarra desafinada de cinco cuerdas, o con un CD de adoración de fondo, es lo más maravilloso de la vida. En un catre con moho o en una buena cama. En una casita o en una mansión. Con mucho o poco dinero, pero siempre a los pies de Jesús. Es allí donde anhelas estar. Olvídate de las penas económicas o la prisa de las citas del medio día, búscalo con todo tu corazón. Nada vale más que ese momento en la presencia de Dios.

Ora conmigo: «Padre, ayúdame, quiero conocerte. No renegaré de la soledad, quiero encontrarte en la intimidad. Quiero adorarte, Señor».

CAPÍTULO 4

CERRADA LA PUERTA

En mi vida he tenido varias experiencias íntimas con el Señor y cada una de ellas me ha marcado profundamente. Aun hoy, al recordarlas, mi corazón se quebranta porque han sido momentos transformadores y desafiantes.

La primera de ellas sucedió cuando tenía nueve o diez años, al verlo por primera vez. Él estaba parado frente a mi cama, suspendido en el aire, y aunque no pude ver su rostro sabía que me miraba fijamente. No recuerdo haber escuchado nada, solo estuvo parado frente a mí. Desperté a mi madre para que lo viera, pero ella no pudo verlo. Aunque el momento fue corto y no escuché ni una sola palabra, sabía que me estaba observando detenidamente, como queriéndome decir: «Tengo planes para tu vida, siempre estaré contigo». Con su presencia quería decirme: «No importa lo que acontezca, tienes que saber que existo y que soy la razón de tu vivir».

Podría contar muchas cosas más en estas páginas, pero sencillamente no puedo describirlas. No encuentro palabras para explicar lo que vi. Al recordarlo no puedo dejar de llorar. Fue asombroso que pudiera ver algo que las personas que estaban a mi lado no vieron. Es impresionante. Así le sucedió al apóstol Pablo en el camino a Damasco.

Jamás olvidé ese momento. Su aparición en aquel dormitorio marcó mi vida entera. Era el niño extraño de la clase, porque cuando oíamos los coros de adoración a Dios, el único que lloraba era yo. Agachaba mi cabeza para que no me vieran, porque todos mis compañeros del colegio no percibían lo que yo sentía. Siempre fui el niño que pasaba a buscar a sus amigos por la casa, a las siete de la mañana, para que fuéramos a misa. Desde ese encuentro deseé servir al Señor, solo que oraba pidiéndole a Dios que me hiciera un misionero, porque también quería casarme. Ese encuentro con el Señor estableció los cimientos de mi vida. Me marcó.

EN SECRETO FUI FORMADO

La Palabra dice en el Salmo 139:13-15: «Tú creaste mis entrañas; me formaste en el vientre de mi madre. ¡Te alabo porque soy una creación admirable! ¡Tus obras son maravillosas, y esto lo sé muy bien! Mis huesos no te fueron desconocidos cuando en lo más recóndito era yo formado, cuando en lo más profundo de la tierra era yo entretejido».

Para que Dios pudiera formar cada parte de tu ser, te ocultó y allí trabajó contigo. La formación de nuestro ser es una obra maestra y perfecta, por esa razón el Señor no permitió que el vientre de la mujer fuera trasparente, para que nadie puediera ver su gran realización, por eso la oculta y no la da a conocer, ni siquiera a los padres, hasta que la obra está completa.

Aunque la formación de un ser humano es una obra de arte, el proceso no es tan bonito como pensamos. Probablemente al verlo lo juzguemos anticipadamente, nos pondríamos nerviosos de tan solo pensar si se está formando bien cada parte del cuerpo o si tendrá los órganos completos. Sin mencionar que seguramente le haríamos todo tipo de sugerencias al Creador, incluyendo detalles sobre las facciones y características de la familia. Tal vez piensas que soy exagerado, pero no es así. Recuerda cuántos problemas tuviste con la simple decisión del nombre de tus hijos. Todo el mundo opina y sugiere. Creo que finalmente ocultar la obra durante la gestación es la mejor decisión, de lo contrario no la dejaríamos concluir.

Dios te ha creado de una forma muy particular. Eres único. No hay feos o bonitos, solo piezas únicas. Mírate, no hay otro como tú. Incluso los gemelos tienen algo que los diferencia. Las huellas digitales, por ejemplo, no existen dos iguales. La próxima vez que te mires al espejo aprecia la obra única que se refleja en él. Además, para Dios todos somos perfectos, por eso podemos decir: «Formidables son sus obras».

> *Dios te ha creado de una forma muy particular. Eres único. No hay feos o bonitos, solo piezas únicas.*

Es un buen momento para meditar en una enseñanza que puede cambiar tu vida por completo. Mucho de lo que somos tiene que ver con la forma en que fuimos concebidos.

Durante la Segunda Guerra Mundial muchas personas fueron engendradas fuera del matrimonio. Hombres y mujeres norteamericanos viajaron a Europa como parte del ejército aliado y tuvieron romances que dejaron fruto. Miles de mujeres concibieron hijos fuera del matrimonio, y la consecuencia fue que nacieron muchos niños sin padre. Las personas que se quedaron solas en casa vivieron situaciones similares. Entonces se originó una generación huérfana y desorientada, que al crecer se rebeló contra sus padres y su vida irresponsable. La sociedad enfrentó serios problemas de identidad, se incrementó el índice de abandono del hogar, la unión libre sin compromiso y el consumo de drogas.

Te preguntarás qué hace esta historia en este libro que trata sobre el Espíritu Santo, su persona y su poder. Pero también deberías preguntarte qué pasaría si el poder de Dios, capaz de resucitar muertos, descansara sobre una persona cuyo corazón todavía tiene heridas del pasado y no ha perdonado el hecho de cómo fue engendrado o por quién. El Señor está interesado en que tu corazón esté sano, en vez de que andes por allí, de un lado al otro, con el poder de Dios sobre tu vida, pero lastimado. Él quiere ungirte, transformarte, pero también quiere sanarte. Es tiempo de meditar en esto y comprender que Dios te ama y que dio a su Hijo por ti sin importar de dónde vienes. Dios tiene un futuro para tu vida.

Quizás eres hijo de una madre soltera, producto de un embarazo no deseado que obligó a la formación de un matrimonio. Tal vez eres fruto de una violación. O quizás no conoces a uno de tus padres o sabes que tiene otra familia. Cualquiera que sea el caso podrías cuestionar la razón de tu vida e incluso renegar diciendo que no pediste nacer. Todo esto podría detener tu potencial y limitar tus logros, pero déjame aclararte que la circunstancia de tu nacimiento es irrelevante, lo importante es convencerte de que Dios te dio la vida porque eres valioso para él. Por eso metió su mano dentro del vientre de tu madre y con mucho amor y delicadeza te formó, sin tomar en cuenta quién te engendró, dónde o cómo.

De ahora en adelante no te lamentes más, aprecia tu vida, porque eres único. No puedes hacer nada por tu pasado, pero sí por tu futuro. Naciste porque Dios tiene hermosos planes para ti.

UN VIENTRE ESPIRITUAL

También existe una especie de vientre espiritual para quienes son formados espiritualmente. Cuando el Señor nos recomienda orar, dice que entremos a nuestro aposento y cerremos la puerta *porque en lo oculto nos va a formar.* Ese huerto de oración es como el vientre de nuestra madre, donde el Señor trabaja con nosotros. Él descubre nuestro corazón y nos revela lo que desea cambiar.

Un día el Señor me preguntó: «¿Sabes por qué pido que cierres la puerta cuando oras?». Esa misma pregunta puede rondar la cabeza de muchos, y la respuesta es sencilla. Él quiere formarte a solas, desea hablarte sobre todo lo bueno que haces y lo que debes mejorar. No acepta intervención o las sugerencias de nadie, porque es un asunto privado entre el Creador y su criatura, entre un Padre y su hijo a quien desea corregir sin avergonzar, tal como hacemos nosotros con los nuestros.

> *Él quiere formarte a solas, desea hablarte sobre todo lo bueno que haces y lo que debes mejorar.*

En el libro del Apocalipsis, cuando le habla a cada una de las iglesias, las alaba por las cosas buenas que tienen y luego las reprende diciendo: «Sin embargo, tengo en tu contra que has abandonado tu primer amor. ¡Recuerda de dónde has caído! Arrepiéntete y vuelve a practicar las obras que hacías al principio» (2:4-5). Algo así sucede cuando te llama a estar en secreto con él. De una manera muy dulce te corrige y te forma, sin dejar de reconocer lo bueno que tienes.

Recuerdo una ocasión cuando llamé a uno de mis hijos para que viniera a mi habitación a fin de corregirlo y dejé abierta la puerta. Mi otro hijo apareció para ver qué tipo de castigo le iba a dar. En ese momento me di cuenta que no era un asunto del hermano, sino uno entre padre e hijo. Entonces le dije al que estaba observando: «No es asunto tuyo. Cierra la puerta, vete de aquí. Voy a hablar con tu hermano».

Sin embargo, no siempre que cerramos la puerta es para corregir a alguien. Las cosas más hermosas entre esposo y esposa suceden a puertas cerradas. Es cuando podemos tener intimidad. Y aunque eso no implica ningún pecado, y a través de ese acto hemos engendrado a nuestros hijos, tampoco quiere decir que podemos invitarlos a ellos para que lo presencien. De igual forma las cosas más hermosas entre Dios Padre y sus hijos ocurren a puerta cerrada. Recuerda, cuando Dios te llama para que estés en secreto con él, no necesariamente es para reprendernos, sino también para formarnos y amarnos.

La oración en grupo es muy buena, pero nunca sustituirá a la oración individual e íntima, porque ese es el momento de comunión con tu Padre. Su enseñanza sobre la oración nos indica que debemos cerrar la puerta y disponernos a hablar cara a cara con él. Es similar a las situaciones dentro del matrimonio. Cuando estás conversando con tu esposa no permites que tus hijos interrumpan. Les pides que los dejen a solas para resolver asuntos pendientes. A puerta cerrada arreglas cuentas y dejas que el Señor transforme tu corazón.

A puerta cerrada arreglas cuentas y dejas que el Señor transforme tu corazón.

Mi esposa Sonia y yo tenemos muchos años de casados y nuestra relación es magnífica. Hemos respetado mutuamente nuestro espacio y tiempo con Dios. Cada quien ora a solas porque sabemos que nuestra comunicación con el Señor es íntima y personal. Las veces que más quebrantada la he visto han sido cuando oraba a solas con su Padre Celestial.

La primera opción de Dios nunca será enviarte a un profeta que te reprenda y avergüence frente a otros. Incluso para corregir a alguien en la iglesia, la última opción que recomienda el apóstol Pablo es la represión pública. No temas ser formado por Dios. Él te ama y sabe muy bien cómo formarte.

LA TRANSFORMACIÓN SIGUE A LA CONFRONTACIÓN

Las revelaciones más importantes de mi vida han ocurrido en la intimidad de la oración. Es allí donde he recibido la Palabra que ha producido los resultados que hoy ves en el ministerio. Mucha de esa Palabra se inició con una confrontación. Allí fue donde el Señor cuestionó mi fe incapaz de comprar un buen par de zapatos sin afán. Si no podía creer para algo tan sencillo como lo material, menos tendría fe para ver algo más grande como su gloria.

Cuando le pedí que me llevara a un mover de milagros le dije: «Señor, si hubiera estado vivo durante tu ministerio en la tierra y hubiera presenciado tus milagros, sería más fácil creer en ellos». Entonces, allí en lo secreto, dulcemente me respondió: «Carlos, si hubieras vivido en esos tiempos te hubieras perdido, porque tienes muy buenos modales para seguir a un hombre que escupe a otros».

Su respuesta me impactó y medité mucho al respecto. Tuve que reconocer que en ocasiones Jesús hizo cosas como escupir en el suelo y hacer lodo para poner en los ojos de un ciego, escupir en los ojos de otros, o poner saliva en la boca de un sordo y tartamudo. Si no hubiera escapado corriendo escandalizado, seguro mi madre me hubiera pedido que no me relacionara con un carpintero que escupía a la gente. Mis buenos modales hubieran competido con mi fe, incluso en ese momento sucedió, pero el Espíritu Santo estuvo allí para corregirme en lo secreto de mi oración.

También en lo oculto me enseñó que debía anular mi presencia para ver la suya. Fue precisamente en esos momentos en la soledad de la alcoba cuando Dios ha trasformando mi vida para poder hacer reposar su preciosa unción sobre mí. Así fue como comprendí que antes de la unción se experimenta la confrontación.

El Salmo 51:6 dice: «Yo sé que tú amas la verdad en lo íntimo; en lo secreto me has enseñado sabiduría». Él tiene intimidad con los que le temen, es decir, con los que lo respetan. Es cierto que en la multitud de consejeros hay sabiduría, pero, ¿cómo acudir a ellos si antes no buscamos a Dios en lo secreto para que nos haga comprender su sabiduría? Solo delante del Señor puedes convertirte en sabio.

Solo delante del Señor puedes convertirte en sabio.

En otra ocasión estaba en la sala de mi casa adorándole y buscando su voluntad para la iglesia que pastoreo, cuando de pronto vi una silueta frente a mí y sentí su presencia. Me habló y me ordenó que comprara el terreno donde construimos el primer templo propio. De inmediato desapareció. ¡Cómo hubiera deseado que se quedara un momento más para explicarle que no tenía dinero y que me estaba pidiendo algo imposible! En ese momento no comprendí, pero le dije que obedecería. Este fue un desafío que personalmente me cambió y llevó a nuestro ministerio a otro nivel.

Recuerdo que también fue en lo íntimo y secreto que el Señor me hizo la siguiente pregunta: «¿Cuánto estarías dispuesto a pagar por mostrar mi gloria a las naciones?». Le respondí: «Lo que fuera necesario». De inmediato comencé a buscar la mejor forma de preguntarle a mi esposa Sonia si podíamos vender la que en aquel tiempo era nuestra nueva casa. Nos había costado once años de ahorros, absteniéndonos de cualquier gasto para poder construirla. Cuando me casé le había prometido a Sonia que si tenía paciencia le construiría una casa libre de deudas. Pero ahora quería proponerle que la vendiéramos para invertir en realizar *Noches de Gloria* en otros países. Una noche me armé de valor y se lo propuse, y su respuesta fue una sorpresa para mí: «Si es para que más gente sea bendecida, puedes venderla». De esta forma comenzaron nuestras reuniones internacionales de milagros en estadios y coliseos. Fue entonces cuando el Señor me reveló que él usa a quienes están dispuestos a pagar, ya que son los que tienen el carácter semejante al suyo.

El ministerio por televisión comenzó de forma similar. Yo sabía que el Espíritu Santo quería hablarme al respecto, pero lo evadía por razones personales. La verdad es que no quería hacer televisión, porque no soy de las personas a las que les gusta salir en todas partes, pues soy más tímido de lo que parezco. También sabía que salir en televisión me haría una persona pública, y esto tiene sus implicaciones y sus incomodidades, con las cuales, por amor a Dios y a la gente, hemos aprendido a convivir. Me negaba a hacer televisión y por lo tanto no quería hablarle, sabía que iba a tocar el tema. Aunque no lo creas, dejé de orar por un tiempo, tratando de evadir la voz del Espíritu Santo.

De pronto sucedió lo que me sospechaba pero no ocurrió como imaginaba que pasaría. Recibí una invitación para predicar en la ciudad de Laredo, Texas, en Estados Unidos. No era una reunión grande, sino pequeña, y el Señor me guió a aceptar la invitación. Preparé junto a mi esposa todas las cosas para nuestro viaje, pero el avión que tomamos nos dejó en otra ciudad. Una colaboradora de la iglesia que nos invitó nos fue a recoger y nos transportó en su auto desde el aeropuerto hasta la ciudad de Laredo. Yo me sentía muy cansado, y mi esposa, muy amablemente, me cedió el lugar de adelante para que pudiera recostarme. Entonces esta mujer encendió el equipo de sonido y puso música instrumental de fondo, queriendo colaborar con mi descanso. Para mi sorpresa empezó a sonar el himno *Pescador de hombres*, que solía cantar cuando era niño. La letra dice más o menos así: «Señor, me has mirado a los ojos. Sonriendo has dicho mi nombre. En la arena he dejado mi barca. Junto a ti, buscaré otro mar».

En ese momento empecé a llorar como un niño y su voz me dijo: «Carlos, quiero que entres a la televisión». Levanté mis manos y le dije que estaba bien. Inmediatamente me dijo: «¿Ves que solo necesito unos segundos para seducirte?», y llorando respondí: «Así es Señor, por eso no quería hablar contigo». Tal vez todas estas cosas te parezcan imposibles o extrañas, pero los resultados de lo que cuento son visibles y pueden comprobarse.

Somos formados en lo secreto, durante los momentos de intimidad con Dios, cuando conversa con aquellos que le buscan con un corazón sincero y puro. Él se revela a quien le anhela. No te rindas, insiste delante de su trono, quizás nunca le vayas a ver físicamente u oír, pero estoy seguro que hablará a tu espíritu y te transformará.

EL PODER DE LA TRANSFORMACIÓN

El Salmo 51:7-11 continúa alimentándonos: «Purifícame con hisopo, y quedaré limpio; lávame, y quedaré más blanco que la nieve. Anúnciame gozo y alegría; infunde gozo en estos huesos que has quebrantado. Aparta tu rostro de mis pecados y borra toda mi maldad. Crea en mí, oh Dios, un corazón limpio, y renueva la firmeza de mi espíritu. No me alejes de tu presencia ni me quites tu santo Espíritu».

El escritor primero habla sobre la intimidad y lo secreto para luego clamar por una trasformación. David comprendió el balance, ya que cargando su pecado le pide al Señor que cambie su vida y le haga oír gozo y alegría. Dios no quería confrontarlo para condenarlo, sino para sacarlo adelante. Lo mismo hace contigo, te exhorta, saca a la luz tus pecados para liberarte de ellos. David tampoco se condena a sí mismo. Pedía que el Señor apartara el rostro de sus pecados, pero sin quitarle la bendición de su Santo Espíritu, porque sin él estaba perdido.

El Salmo 51:12-13 sigue diciendo: «Devuélveme la alegría de tu salvación; que un espíritu obediente me sostenga. Así enseñaré a los transgresores tus caminos, y los pecadores se volverán a ti».

El hombre que no quiere entrar en la presencia de Dios para ser descubierto, corregido y transformado, no podrá ser usado para transformar a otros.

Este texto habla de ser usado para hacer volver a las personas a Dios. El hombre que no quiere entrar en la presencia de Dios para ser descubierto, corregido y transformado, no podrá ser usado para transformar a otros. Quien desea alcanzar el balance que guardaba David es el que puede hablarle a otros para que corrijan su vida, porque la suya ya ha sido corregida.

Si ese es tu deseo, ora conmigo: «Señor, cambia mi corazón. Dame un espíritu noble que me sustente. Dame un corazón nuevo, un espíritu recto, ven a renovarme para que pueda ayudar a otros a que te conozcan».

La transformación de tu familia empieza por la transformación de tu vida. Alguien sabiamente dijo que nadie puede hablarle de Dios a la gente sin antes hablarle de la gente a Dios. Debemos entrar al trono de la gracia para que Dios nos transforme y nos renueve. Debemos ir delante de su presencia y decirle: «Señor, tú conoces mis pensamientos, sabes que soy un hombre inmaduro, que reniego, me autojustifico y busco excusas para todo. Cámbiame, transfórmame».

No es posible que cristianos nacidos de nuevo y con edad suficiente para comportarse como es debido, actúen en forma inmadura y caprichosa. Hay algunos que desean posiciones de liderazgo y lloran como bebés cuando no obtienen reconocimiento. Ese tipo de comportamiento debe cambiar, pero solamente Dios y su santa presencia pueden lograrlo. Si vas delante de él a contemplar su gloria, seguramente tratará el tema contigo con tanto amor y cuidado que hasta se sentirá agradable cuando te dé una palabra dura.

Déjame decirte que todo eso que sientes dentro de ti no es sino sed de Dios. Tu alma tiene sed del Dios vivo, no de una liturgia religiosa, de un determinado orden de culto o de un estudio sobre teología. Lo que en verdad tienes es una intensa sed de Dios. Acércate a él y bebe todo lo que necesitas.

Las mejores *Noches de Gloria* se viven delante del Dios vivo. No dependas de un gran evento con un grupo musical o de un adorador. No esperes que te convoquen a una vigilia de oración. Vive tus propios momentos ante el Señor. Siempre recuerda que la clave de la vida pública es la vida privada. Si deseas éxito en público, busca primero el éxito privado delante de Dios. Si puedes escoger dónde ser conocido, pide que sea delante del trono de su gracia.

Siempre recuerda que la clave de la vida pública es la vida privada. Si deseas éxito en público, busca primero el éxito privado delante de Dios. Si puedes escoger dónde ser conocido, pide que sea delante del trono de su gracia.

Como anteriormente dijimos, cuando la puerta de la habitación se cierra es para tener intimidad matrimonial. No es pecado que así sea, sin embargo, cierras la puerta porque algo íntimo va a ocurrir. Sabes que es tiempo de miradas profundas, suaves y tiernas caricias, palabras silenciosas pero cargadas de amor.

Los consejeros matrimoniales aseguran que las parejas con una vida íntima feliz reflejan esa satisfacción en público. Lo mismo sucede con Dios y la oración en secreto. Cuando te pide que cierres la puerta es porque espiritualmente están por suceder momentos gloriosos. Contemplarás la hermosura de su santidad, concebirás el llamado de tu vida y tendrás la visión exacta de lo que Dios desea que hagas. Tu corazón será quebrantado. Tu ser se llenará de gozo. La unción reposará sobre ti. Oirás su voz dulce pero firme, y lo más importante, saldrás de esa habitación más enamorado y comprometido que nunca. Así que no esperes más, deja la lectura de este libro por un momento y busca estar a solas con él. Te aseguro que nunca más serás el mismo.

CAPÍTULO 5

DONDE QUIERA QUE ESTÉS

El Señor puede manifestarse en cualquier momento y en cualquier lugar. Los momentos más comunes suceden en las reuniones de la iglesia, cuando permite que administremos su poder. Pero también hay momentos cuando él se desborda sin pedirnos permiso, ya que es una persona independiente que nos acompaña porque quiere. Él puede manifestarse cuando lo desee y sin previo aviso.

Cierta vez estaba en un aeropuerto internacional haciendo una escala para tomar otro avión. Nunca viajo solo, pero esa vez que fui a Sudamérica fue la excepción, y lo hice porque el Espíritu Santo me lo pidió. Seguramente deseaba mostrarme lo real que es su compañía. Mientras esperaba el vuelo fui a buscar un café y un buen libro. Entonces, una persona se acercó y me preguntó si yo era Cash Luna, y que por favor le explicara qué le estaba sucediendo a la personas. No sabía de qué me hablaba, entonces me contó que había un gran alboroto en la zona de migración porque las personas que estaban allí empezaron a caer llenas del Espíritu Santo. Ante la confusión, alguien mencionó que yo acababa de pasar por ese lugar y fueron a buscarme. La única explicación que les di fue que, tal como veían, yo estaba en la librería tranquilo, buscando una lectura interesante, y que seguramente era el Señor quien se manifestaba afuera entre las personas. Mientras estaba allí, sentado en la sala de espera del aeropuerto, esta mujer empezó a traer personas para que orara por ellas una a una. Estuve más de una hora orando por la gente.

También me ha sucedido que las personas que saludo por la calle luego comentan que al acercarme a ellas sentían como si fueran a caerse. Cosas como esas pasan continuamente, aunque no esté muy consciente de ello. La presencia de Dios no se limita a los templos ni a los cultos religiosos, es real en cualquier lugar y es capaz de hacer lo que quiera, donde quiera y con quien quiera.

> *La presencia de Dios no se limita a los templos ni a los cultos religiosos, es real en cualquier lugar y es capaz de hacer lo que quiera, donde quiera y con quien quiera.*

Esto me recuerda las experiencias que se vivían en los hoteles donde se hospedaba la predicadora Kathryn Kuhlman. Mientras ella estaba allí, incluso los meseros y cocineros caían tocados por el Señor en la cocina. Igual le sucedió a Jesús. Unos leprosos fueron sanados cuando iban por el camino, porque el poder de Dios los tocó allí. Son como aquellos que reciben sanidad cuando van en el bus hacia *Noches de Gloria*. Yo estoy en el lugar de oración y ellos reciben sanidad por el poder del Espíritu Santo que los alcanza donde quiera que vayan. El Espíritu Santo no espera que uno le indique qué hacer. A veces, solamente nos cuenta lo que hizo cuando todo ha sucedido.

Mientras celebrábamos las *Noches de Gloria* en una ciudad en Ecuador, sucedió algo impresionante con un hombre que estaba cubierto con una cobija azul. Él era muy conocido en la ciudad porque estaba loco. Durante las dos reuniones que tuvimos no dejó de bambolearse de un lado a otro y babeaba continuamente. Me partía el corazón verlo en esa situación tan triste, parado en medio de todos sin que se notara alguna mejoría. La noche siguiente durante toda la reunión la escena fue la misma. Seguía parado, bamboleándose y babeando. Algo dentro de mi corazón me decía que este hombre podría ser sano. Al terminar el evento regresé a la habitación que me habían preparado para orar, cuando de pronto personas que nos ayudaban a servir tocaron a mi puerta. Estaban sumamente emocionadas y sus rostros tenían la expresión de haber visto un fantasma. Inmediatamente les pregunté qué había sucedido. Ellos me contaron que mientras estaban quitando las sillas y limpiando el lugar para cerrarlo, aquel hombre pareció reaccionar, dejó de babear y comenzó a hablar. Sus primeras palabras fueron: «¡Estoooooooy sanooooooo!». ¡Había recuperado la cordura! Nadie oró por él ni le impuso las manos, simplemente la presencia de Dios estaba aún allí, aunque todos habían salido y lo sanó.

LA OMNIPOTENCIA SIGUE A LA OMNIPRESENCIA

Desde niños nos enseñaron que Dios se encuentra en todo lugar. Creerlo de corazón influye profundamente en nuestra conducta y santidad. El Señor nos acompaña siempre, sin importar dónde estemos o lo que hagamos. Al convencerte de esta verdad tendrás la certeza de que puede manifestarse donde te encuentres, en tu trabajo o alcoba, donde estudies o vivas, en el campo o la ciudad, en el gimnasio o en la iglesia.

Anhelar la unción del Espíritu Santo es desear la manifestación de la omnipotencia de Dios en nuestra vida. El Salmo 91:1 es una profecía para quienes buscan una relación íntima con el Señor, porque dice: «El que habita al abrigo del Altísimo se acoge a la sombra del Todopoderoso».

Para entender este pasaje hay que prestar especial atención a los verbos «habita» y «acoge», que nos indican la necesidad de la presencia de Dios. La promesa del Señor es: «Quien habite en mi presencia y viva junto a mí, tarde o temprano tendrá la manifestación de mi poder en su vida». La clave para ver su omnipotencia es creer en su omnipresencia.

El Salmo 91:2 continúa diciendo: «Yo le digo al Señor: "Tú eres mi refugio, mi fortaleza, el Dios en quien confío"». Junto al primer versículo vemos que este pasaje compara al Señor con tres recursos importantes que dan protección: «Castillo, habitación y abrigo». El castillo es un lugar de defensa y reabastecimiento durante una guerra, donde se renuevan fuerzas. Nuestra habitación es donde experimentamos momentos de intimidad con la persona más cercana. Es un espacio personal donde descansamos, soñamos y guardamos secretos. El abrigo protege al cuerpo del clima y de los riesgos externos. Todo esto es su Presencia para nosotros. La unción no solo te capacita para hacer milagros, sino también te da protección divina. Por esa razón, el Salmo concluye prometiendo que nos librará del lazo y de la peste destructora, y que no debemos temer saeta o terror nocturno porque enviará a sus ángeles para que nuestros pies no tropiecen con piedra alguna.

Muchas personas buscan el poder del Señor, pero no desean aprender a vivir delante de su presencia. Buscan más la sanidad que al sanador, la prosperidad más que a aquel que les prospera, y la unción, más que al que unge. Buscan la omnipotencia olvidándose de su omnipresencia, porque desean su poder, pero no respetan su existencia. Aquellos que aprenden a habitar en la omnipresencia de Dios tienen el honor de ver su omnipotencia.

Aquellos que aprenden a habitar en la omnipresencia de Dios tienen el honor de ver su omnipotencia.

EL FUNDAMENTO DE LA SANTIDAD

Hace un tiempo, una persona que acostumbraba beber me desafió. Dijo que tomar licor no era malo. Entonces, le pedí que orara y le agradeciera a Dios antes de tomarse una copa. Imagina por un momento la oración de este hombre: «Padre, muchas gracias por el licor que me has provisto y bendice este whisky para que le haga bien a mi cuerpo». ¿Sabes lo que sucedió? ¡Dejó de tomar! Días después regresó contándome que impuso sus manos sobre el vaso con licor y al orar se sintió redargüido por Dios, así que fue incapaz de tomar una copa más. Descubrió que Dios estaba allí, junto a él, y decidió que no haría lo que sabía que le desagradaba al Padre.

Creer que Dios está presente en todo lugar y ve todo lo que hacemos es el fundamento de una vida en santidad. Tu caminar es más recto cuando estás convencido de que no puedes hacer nada a espaldas de Dios. Es tu compañero y siempre está a tu lado, viendo lo que haces, escuchando cada conversación y discerniendo tus pensamientos más íntimos. Puede ser que escondas tu pecado a los hombres, pero no puedes engañar al Señor.

Hace muchos años, cuando recién habíamos fundado la iglesia, contratamos a una trabajadora que nos robó. La noche de un viernes, mientras dormía, pude ver el rostro de ella al tiempo que Dios me revelaba que había un faltante de dinero en la iglesia, y que nuestra empleada era la responsable. Incluso me dijo la cantidad exacta que había tomado. Al día siguiente comprobé cada detalle que el Señor me indicó y tuve que despedirla de inmediato. ¿Cómo lo supe? Porque cuando ella robó se aseguró de que nadie la viera, pero olvidó que Dios estaba allí. He tenido experiencias similares en otras oportunidades. Siempre le recuerdo a mi equipo que Dios está presente en nuestro ministerio. Eso nos beneficia, pues somos testigos de sus obras, pero al mismo tiempo puede perjudicarnos si olvidamos que él mismo se encarga de revelar las cosas incorrectas que ve. Vivir convencidos de la omnipresencia de Dios es el sustento de nuestro caminar.

Los jóvenes deben entender que no son sus padres quienes les estorban en esos momentos apasionados de tentación cuando están a solas con su novia. Dios es quien los hace sentir incómodos, pues está allí, a su lado. No es del pastor de quien deben esconder un cigarro o una cerveza, o delante de quien deben avergonzarse por su aliento a licor. Más bien, debería preocuparles la desaprobación del Padre Celestial que los acompaña. La santidad que demostramos nos hace quedar bien con Dios más que con la iglesia o el líder espiritual.

El problema de una relación extramarital no es tener cuidado de que no los vean entrar a un lugar con la amante, sino recordar que el Señor los verá porque los acompaña donde quiera. El problema tampoco es hacer un negocio ilícito en secreto, sino creer que se puede esconder de Dios. Es más fácil ser santos cuando estamos convencidos de su omnipresencia. Creerlo es sentarnos a ver televisión y evitar las escenas inadecuadas, porque él está junto a nosotros viendo el mismo programa. Podemos engañar a nuestro jefe por llegar tarde, pero no al Señor.

Es más fácil ser santos cuando estamos convencidos de su omnipresencia.

Es difícil abstenernos de aquello que complace nuestra carne, pero entristece nuestro espíritu, porque no hemos aprendido a vivir conforme a la omnipresencia de Dios. Intentamos justificarnos diciendo que no hay nada malo en buscar satisfacción, pero olvidamos que eso no le agrada a Dios. Es necesario que cambies tu conducta en esos aspectos. A tu carne siempre le gustarán las cosas que a tu espíritu no le agradan. Puede que no le quites el gusto a la carne, pero sí puedes eliminar la costumbre. Aprende a vivir bajo la sombra de Dios y respeta su presencia en todo momento.

Cuando caminas en el temor de Dios, tu conducta lo demuestra porque le das prioridad a los principios y no a tus gustos. No te diviertas con lo que ofende a quien entregó su vida en la cruz del Calvario. No te burles de su sacrificio, pídele la fortaleza y el carácter necesarios para negarte a todo lo que te induce al pecado. Debemos guardar un correcto comportamiento dentro y fuera de la iglesia, ya que somos morada del Altísimo.

Cierta vez que conducía mi auto por un conocido boulevard de la ciudad de Guatemala, hice el favor de llevar a una persona desconocida que pedía un aventón. Viéndolo a la orilla de la carretera haciendo la clásica señal con el pulgar hacia arriba, me detuve y subió al auto. De inmediato sacó un paquete de cigarros y me ofreció:

—¿Quieres un cigarrillo?
—No gracias, no fumo —le respondí.
—Es viernes, si quieres te invito a una cerveza —insistió.
—No gracias, no bebo licor.
—¿Por qué? —me preguntó, y me vio fijamente.
Por su expresión, sabía que esperaba una respuesta religiosa…
—Porque a mi papá no le gusta —dije, sin dar mayor explicación.

Mi respuesta lo desconcertó y no habló más, antes bien, le pareció bueno y justo lo que dije, así que… asunto religioso arreglado.

Comportarse bien no es cuestión de religiosidad. No tiene nada que ver con pertenecer a una religión o congregarse en determinada iglesia, es simplemente buscar la aprobación de nuestro Padre Celestial. Te guste o no, la conducta es asunto de respetar la omnipresencia de Dios para poder caminar bajo la sombra de su omnipotencia. Debemos comportarnos en la tierra como si ya estuviéramos en el cielo, porque él está en ambos lugares. Algunas personas creen que estarán cerca de Dios solamente cuando lleguen al cielo. Al pensar de esta forma limitan la presencia del Señor en su vida. Dejan a Dios en último lugar, en vez de disfrutar de su compañía.

RODEADOS POR SU PRESENCIA

Alguien me preguntó desde cuándo tengo la consciencia de la omnipresencia de Dios en mi vida. Creo que a muchos de nosotros se nos enseñó desde niños que Dios está presente en todos lados, todo lo ve y todo lo sabe, pues es una verdad fundamental para quienes decimos creer en él. Personalmente he sido consciente de ello desde niño, incluso antes de convertirme al Señor. Aun cuando pecaba me daba pena saber que él lo podía ver todo. Si pudiéramos vivir más conscientes de esta verdad, podríamos comportarnos mejor todo el tiempo.

Recordemos lo que el Salmo 139 dice: «Tu protección me envuelve por completo; me cubres con la palma de tu mano» (v. 5). Y añade: «¿A dónde podría alejarme de tu Espíritu? ¿A dónde podría huir de tu presencia? Si subiera al cielo, allí estás tú; si tendiera mi lecho en el fondo del abismo, también estás allí» (vv. 7-8).

Al parecer el escritor pasaba una etapa difícil de su vida. Tal vez intentaba huir de la presencia de Dios. Igual que Adán después de desobedecer. Lo mismo puede ocurrirnos a nosotros cuando pecamos, pues intentamos huir de Dios. No hay razón para abandonar todo a causa del pecado. No podemos escondernos de Dios, porque conoce lo que sentimos y puede vernos. Nos equivocamos al pensar que dejando la iglesia o alejándonos de los cristianos nos alejamos Dios. Él no está solamente en un templo, también estuvo en el lugar donde pecamos. Él está contigo ahora. Cuando te sientes triste por haber pecado puedes acudir a él, porque está listo para perdonarte y continuar con la relación de Padre e hijo.

El Señor te ama tanto que se atreve a rodearte aunque sabe que eres débil y cometes errores. Para caminar bajo la sombra de su omnipotencia debes aprender a comportarte con la omnisciencia del Señor. En otras palabras, para caminar bajo su sombra debes actuar convencido de que está contigo en todo lugar y conoce lo que piensas y haces.

Para caminar bajo su sombra debes actuar convencido de que está contigo en todo lugar y conoce lo que piensas y haces.

Creer en su omnipresencia te convence de que puedes escuchar lo que te dice. Nadie obtiene la capacidad para escucharle sin antes desarrollar la conducta ideal para lograrlo. Hay personas que se sienten desamparadas cuando no lo escuchan, pero Dios también puede callar por amor. El problema es desear que el Señor hable cuando queremos. Dios habla cuando él quiere, no es necesario que lo escuches para convencerte de que está a tu lado.

No pretendo asustarte recordándote que Dios te ha visto y te ve todo el tiempo, por el contrario, quiero que te sientas acompañado y confiado porque él nunca te abandona. Algunos pueden decir: «Dios me ve y controla todo lo que hago para castigarme si cometo algún pecado». Pero lo mejor es ser agradecido y pensar: «Si todo el tiempo me ve, también es cierto que todo el tiempo está conmigo y no me dejará, ni desamparará». Dale gracias por no dejarte solo y brindarte la oportunidad de caminar en amistad con el Espíritu. Mucha gente se queja de su soledad sin notar la compañía de Dios. La presencia de Dios es real, no la ofendas, hónrala con tu comportamiento. Nunca digas que nadie te entiende, ya que expresándote de esa forma menosprecias al Espíritu Santo que siempre está contigo. Aunque pienses que otros te han abandonado, Dios nunca lo hará.

Quienes desean vivir bajo la manifestación de su poder y entrar a una dimensión de milagros que no han imaginado deberán actuar creyendo en la omnipresencia de Dios. Busca experimentar la comunión e intimidad con él. Que Dios derrame su unción sobre tu vida es el deseo más sincero de mi corazón.

CAPÍTULO 6

UN ABISMO LLAMA A OTRO ABISMO

Dos amigos presidían una de las misiones más grandes de mi país natal, Guatemala. Yo deseaba ministrar algún día en ese lugar porque allí hubo un impresionante avivamiento en los años 60´s. Señales y prodigios ocurrían continuamente allí. Incluso hoy se habla de la visitación angelical de aquel entonces. Imagínate lo que significaba para mí ministrar en ese lugar y ser testigo de un nuevo derramamiento del Espíritu.

Finalmente el día llegó y me invitaron durante unas *Noches de Gloria* en la Iglesia Central. La primera noche prediqué acerca de Isaías 61:3, que dice: «[El Espíritu me ha enviado] a *confortar* a los dolientes de Sión [...] a darles una *corona* en vez de cenizas, *aceite de alegría* en vez de luto, *traje de fiesta* en vez de espíritu de desaliento». Enfaticé el hecho de que Jesús vino a dar la orden de cambiar la angustia en alegría y el luto en gozo.

Al terminar de predicar todo parecía normal. Contrario a lo que suele pasar en otros lugares mientras predico, nada extraordinario o sobrenatural había ocurrido. Entonces me pregunté si Dios estaba conmigo aquella noche y si era su voluntad que yo estuviera allí.

Por un momento pensé que aquel deseo de ministrar en ese lugar memorable era solo mío y no de Dios. Al concluir mi prédica le dije a la congregación que mi trabajo de compartir la Palabra estaba hecho, pero que el derramamiento del Espíritu era asunto del Señor y que los esperaba la noche siguiente. De pronto, una mujer sentada entre la cuarta o quinta fila se puso de pie y comenzó a saltar y gritar: «Hay gozo, hay gozo». Era imposible detenerla, se reía muchísimo mientras se aproximaba a la plataforma. Imagina aquel cuadro: La iglesia llena, en profunda calma, todos a punto de ser despedidos y aquella mujer medio enloquecida justo al frente. Yo estaba de pie observando todo y orando en mi interior: «Espíritu, derrámate con todo tu poder».

Como si fuera poco, tenía a los pastores de la iglesia sentados detrás de mí, observando el supuesto desorden. En medio de esta situación, el pastor a cargo de la reunión me pidió el micrófono. En ese momento me dije: «Hasta aquí llegaron las *Noches de Gloria*, ahora van a echarme».

Entonces el pastor dijo lo que yo deseaba escuchar: «Ciertamente el Espíritu Santo está aquí». Mi reacción fue pensar que ese hombre estaba aún más loco que yo, porque la mujer no paraba de saltar, gritar y reír a carcajadas. El pastor continuó: «Esta mujer está llena de la presencia de Dios ya que hace unos días mataron a su esposo y hoy se ha cumplido la Escritura en su vida. Siendo una viuda, el Espíritu de Dios le ha cambiado el luto en gozo y la angustia en alegría».

En ese momento miré hacia el balcón y oré por los que estaban allí. Todos empezaron a ser llenos del Espíritu Santo y caer bajo el poder de la unción. Hubo personas que incluso resultaron con la piel quemada por el fuego de Dios que descendió durante aquella semana. Por favor, no me pidas que explique esto, lo único que puedo decir es que fui testigo de ello. Vimos tantas cosas que podría escribir un libro solamente con las experiencias de lo que sucedió aquellos días en esa iglesia. Fue impresionante, verdaderamente asombroso, algo que nunca olvidaré.

La unción está y estará para lo que Dios la dejó y para lo que la Palabra manda, no para lo que cada quien imagina o desea.

Hay gente que para todo apela a la unción. Tienen una idea utilitaria de ella y piensan que puede resolverles esto y aquello. Hay que tener mucho cuidado con ese tipo

La unción está y estará para lo que Dios la dejó y para lo que la Palabra manda, no para lo que cada quien imagina o desea.

de declaraciones y no jugar ni bromear al respecto. Recuerda que la unción es como la insignia que identifica a quienes han buscado al Señor y su presencia. Detrás de dicha búsqueda hay acontecimientos íntimos entre Dios y esos hombres. Respeta a quienes poseen la unción y la hacen evidente, porque en ellos es un hecho y no un concepto.

MÁS DERRAMAMIENTO DE LA UNCIÓN

Aquellas reuniones gloriosas culminaron con un evento especial para mujeres. Ese sábado, en un hotel de la ciudad, disfrutábamos de una adoración profunda y una alabanza festiva. Se acercaba el momento de ministrar la Palabra y la unción, y aunque sabía cuál era el mensaje a predicar, mi fe decía que algo muy poderoso ocurriría en ese lugar.

Cuando llegó el momento de predicar le pedí al Espíritu que me guiara. Abrí mi Biblia como de costumbre y empecé a hablar la Palabra de Dios. A los pocos minutos de haber comenzado, la atmósfera de aquel lugar cambió y la presencia de Dios empezó a descender. Era como un manto que cubría a todas las personas.

Cuando la unción está sobre la vida de alguien, la atmósfera del lugar puede cambiar y convertirse en un ambiente de poder, no necesariamente de emoción, pero sí de poder.

Cuando la unción está sobre la vida de alguien, la atmósfera del lugar puede cambiar y convertirse en un ambiente de poder, no necesariamente de emoción, pero sí de poder.

Curiosamente algunas mujeres empezaron a ser llenas del vino del Espíritu y quedaban como embriagadas en sus asientos. Pedí que me trajeran a cada una de las personas que estaban siendo llenas y resultó que eran esposas de pastores y ministros, que estaban presentes porque las habían acompañado. Yo ignoraba ese detalle y fue impresionante ver cómo el Espíritu Santo ordenó toda aquella reunión. Cada uno de los ministros y pastores también fueron saturados por la unción de Dios, la cual llevó un intenso avivamiento a sus vidas y ministerios.

Una vez más, la unción me había sorprendido. El derramamiento de su poder fue tan fuerte, que al terminar la reunión bajé de la plataforma y busqué un lugar donde estar a solas con Dios para postrarme y adorarlo. Estaba completamente admirado y sentía un temor reverente dentro de mí. En otras palabras, estaba asustado, por no decir aterrado. La manifestación de su poder fue muy intensa y sinceramente me considero indigno de semejante presencia.

El jueves de la siguiente semana fuimos a cenar con el pastor de aquella iglesia y otros dos amigos ministros a un restaurante ubicado en la llamada «zona viva» de la ciudad de Guatemala, donde hay una gran cantidad de lugares para pasar un momento agradable con los amigos. Todos hicimos la acostumbrada pregunta: «¿Dónde comemos?», y todos dimos la típica respuesta: «Donde sea». Nadie quería tomar la decisión y todos decíamos lo mismo: «Decide tú», «lo que tú quieras», «me da igual».

Luego de un rato de darle vueltas al asunto elegimos un restaurante de comida italiana. Cuando llegamos, era imposible encontrar una mesa disponible, porque el lugar estaba lleno. Así que esperamos por unos minutos hasta que nos ubicaron en una mesa lateral, casi en la calle. Por allí prácticamente pasaban todas las personas que visitaban el lugar. Era una noche al parecer normal, todos conversábamos, y obviamente el tema central era la unción del Espíritu Santo y sus milagros.

Uno de los pastores contaba acerca de los hermosos acontecimientos ocurridos entre su gente durante aquella semana. Otro pastor y amigo peruano que meses antes me había invitado a ministrar en su iglesia me preguntó si recordaba a un hombre discapacitado por quien oramos con mi esposa. Por supuesto que lo recordaba, porque varias veces sentado en su silla de ruedas quedó lleno del Espíritu Santo, aunque no comprendí por qué no había logrado caminar. Mi amigo me contó que recibió una llamada de Perú y le testificaron que el hombre llegó el domingo siguiente al templo y entró caminando sin usar su silla de ruedas y sin ayuda de su hermana, que siempre lo asistía. En fin, durante la velada compartimos testimonios parecidos que nos asombraban a todos.

Estos milagros debían hacerme sentir muy bien porque fui yo quien ministré en muchas de esas ocasiones y pude sentir el poder de Dios acompañándome. Por supuesto, no hay quien sea llamado por el Señor al ministerio y no desee ser usado por él. Cualquiera se sentiría muy contento, pero en ese momento no ocurrió así conmigo.

De pronto comencé a sentirme vacío, más de lo que me sentía antes de recibir la unción, aunque el sentimiento era diferente.

Empecé a llorar como un niño a quien le faltaban sus padres en un momento difícil. Nunca me había sentido tan solo. Lloraba con una sensación de pérdida, de la forma que lo hace alguien en el funeral de un ser amado. Lo que no sabía era que lloraba por mi propio funeral.

Esto me estaba ocurriendo justo allí, frente a todo el mundo, sentado en un lugar por donde la gente pasaba. Como era natural, todos me miraban, mis amigos no se explicaban qué pasaba conmigo y hasta ahora aún no lo comprenden, porque nunca les comenté lo que estaba viviendo. Era impresionante, sentía que iba a morir, y bueno, era justo lo que me sucedía. Me invadió un profundo deseo de morir a mí mismo. Quería ser como un autómata para Dios, un robot obediente a sus mandatos. Deseaba no tener voluntad, o más bien que toda mi voluntad fuera la suya.

Claro que eso no es lo que él quiere de nosotros, por el contrario, desea que le sirvamos voluntariamente y vivamos para obedecerle. Por favor, no malinterpretes mis palabras, pero lo único que deseaba en ese momento era no vivir para mí ni un solo día, ni un solo momento, ni un solo minuto. Anhelaba vivir totalmente para él, solo para él. No para el ministerio del que soy líder, para nada o nadie más, sino únicamente para él. Siempre le he dicho al Espíritu de Dios: «No yo, tú, Señor. No mi presencia, sino la tuya». Pero esta vez era tan fuerte que aquella corta oración expresaba el deseo más grande de toda mi vida.

Aunque quizá para algunos esté equivocado, lo único que mi corazón anhelaba profundamente era vivir como un robot, sin cuestionar ni dudar una sola de sus órdenes. Ser un total esclavo de Jesús y su Espíritu, aunque hijo y heredero, pero esclavo.

La única petición en mi interior era: «Más de ti y menos de mí, Señor». Le pregunté al Espíritu Santo qué me sucedía y por qué me sentía más vacío que nunca. En ese momento él trajo a mi mente el Salmo 42:7, que dice: «Un abismo llama a otro abismo en el rugir de tus cascadas; todas tus ondas y tus olas se han precipitado sobre mí». Allí estaba la respuesta a lo que me pasaba. Un abismo llamaba a otro para que se pusiera justo debajo de sus cascadas y fuera lleno.

La noche que mi esposa y yo nos hundimos en la cama por la visitación de su presencia, el abismo del «deseo de la unción» fue lleno. Durante once años oré pidiéndole por lo menos una gota de su unción para saciarme. Al tener su poder sobre nosotros, ese abismo de «desear la unción» había sido lleno y llamó a otro abismo que era el «deseo de ser usado con poder». En el momento que este segundo abismo fue lleno, de inmediato llamó a un tercero que era el de «querer ser totalmente obediente a Dios, no hacer mi voluntad sino la suya».

Entonces comprendí que en aquel restaurante gemía por obedecerle en todo. Clamaba por ir a donde él me llevara, no a donde yo quisiera ir. Anhelaba decir solamente lo que me ordenara. Ansiaba aplicar esa misma obediencia en todas las áreas de mi vida, familia y ministerio. Repetía una y otra vez: «Un abismo llama a otro abismo en el rugir de tus cascadas».

Cuando uno de tus abismos se llena por la cascada del Espíritu, va y busca en tu interior otro abismo que esté vacío, y lo llama para que se ponga debajo de la misma cascada y sea lleno. Por ejemplo, si sentías un vacío en tu vida que fue lleno por la presencia de Dios y luego de un tiempo sientes de nuevo un vacío interior, seguro no es el mismo, sino otro en diferente área. Probablemente sea el abismo que «ansía amar a Dios de la misma forma que él lo hace». Al llenarse, este abismo llama al de «la santidad» que también será lleno por la cascada del Espíritu. Mientras más bebas de él siempre habrá un nuevo abismo que llenar bajo sus cascadas.

> *Mientras más bebas de él siempre habrá un nuevo abismo que llenar bajo sus cascadas.*

EL ABISMO EN TU SER

¿Qué abismo se está descubriendo en tu ser en este momento? Ve y preséntate delante del Dios vivo, porque él te llenará. Cuando pasamos tiempo en la presencia de Dios, sedientos de su amor, él nos llena y lo hace a su manera, no como las personas se lo imaginan. Muchos piensan que Dios les dará un vaso lleno de agua, pero están equivocados, él nos da a beber como lo hace con una pequeña y sedienta gacela que, bramando, acude a la orilla del río para saciar su sed.

El Salmo dice: «Cual ciervo jadeante en busca del agua, así te busca, oh Dios, todo mi ser. Tengo sed de Dios, del Dios de la vida. ¿Cuándo podré presentarme ante Dios?» (42:1-2).

El ciervo, ese gracioso animal, cuando tiene sed no busca un vaso con agua, sino que se acerca a las corrientes del río para beber. Se presenta delante de esas corrientes como tú y yo debemos presentarnos delante de Dios. Si tienes sed de él y deseas beber de su presencia, si deseas tomar del vino del Espíritu Santo, debes responder la misma pregunta que el salmista se hace: «¿Cuándo podré presentarme delante de Dios? ¿Cuándo pasaré suficiente tiempo delante de él para saciar mi sed? ¿Cuándo?».

No es cuestión de buscar agua en un vaso, hay que ir y dejarse sumergir en su río. El ciervo se acercó a las corrientes y empezó a beber y a beber, y de pronto se dio cuenta que «todas sus ondas y sus olas se han precipitado sobre él». Ya no está en la orilla, ya no intentaba beber un poco de agua en la ribera del río, ahora está totalmente sumergido, debajo de la corriente.

Así es Dios con aquellos que genuinamente tienen sed de él y le buscan. No les da de beber con un vaso ni con una jarra, ni siquiera los conserva a la orilla de río. Al verte bebiendo insaciablemente de su presencia, te toma y te sumerge completamente. Entonces, sin darte cuenta, todas sus ondas y sus olas están sobre ti, te encuentras totalmente sumergido, bebiendo continuamente.

La sed espiritual es diferente a la sed biológica que físicamente siente nuestro cuerpo. La sed natural se calma al beber agua, la sed espiritual se incrementa cuando bebes del Señor. Lo mismo sucede con el hambre que desaparece cuando te alimentas. En cambio, el hambre espiritual aumenta con cada bocado de la Palabra que comes. Espero que un día, de tanto beber y comer de él, te conviertas en un dependiente de su presencia y su palabra.

CAPÍTULO 7

¡QUÉ EXTRAÑAS ÓRDENES!

La primera vez que oré por la sanidad de una persona ocurrió algo inesperado. Sonia y yo todavía éramos novios y mientras la acompañaba a su casa recibí un mensaje en mi localizador. Esa misma noche había una vigilia en la iglesia donde me congregaba y alguien desde allí me llamó diciendo que urgía mi presencia en el templo.

Cuando llegué me recibió la persona que iba a predicar y me dijo que él no podía hacerlo, que tenía que predicar yo. Asombrado le pregunté: «¿Cómo?». La respuesta fue: «En diez minutos te toca predicar a ti». En ese momento pensé la típica excusa: «¿No puedes avisarme unos quince días antes para prepararme y así hacer mejor la obra de Dios?». Pero al dar este tipo de respuestas lo que realmente hubiera intentado era defender mi propio ego, el YO. Eso se hace para no correr riesgos. Pero Dios usa gente que está muerta a sí misma. Así que le pregunté al Señor acerca de qué debía predicar y me respondió: «Habla de sanidad y de fe».

Al instante obedecí. Al terminar la prédica acerca de la fe, uno de los ancianos de la iglesia se acercó y me dijo: «Tengo una pierna más larga que la otra, ora por mí para que me crezca». Aún no había tocado las piernas de aquel hombre y los ojos de todos ya estaban puestos sobre mí para ver qué iba a suceder. ¡Imagínate la presión que sentí en ese momento! ¿Y si no sucedía nada? ¿Y si en lugar de que se le estirara una pierna se le encogía la otra? ¿Qué iban a pensar todos si no crecía?

Si eres sincero reconocerás que en esos momentos de presión tus pensamientos no son: «¿Qué pensará esta gente de Dios?», sino, «¿Qué pensarán todos de mí si no sucede nada?». Esa presión no le gusta a nadie, por eso muchos no se atreven a ministrar la unción. Esa noche me armé de fe, tomé las piernas de este hombre entre mis manos, cerré los ojos y dije en voz alta: «Padre, has crecer esta pierna».

De inmediato abrí los ojos al oír los gritos de quienes nos rodeaban, porque en aquel momento la pierna empezó a crecer delante de todos los presentes. Fue un milagro evidente para todos. ¡Fue glorioso! Acto seguido, todos querían que orara por ellos, y se hizo una gran fila en espera de su milagro. Esa noche vimos una gran cantidad de sanidades.

El Espíritu Santo es un regalo que Dios nos ha dado, no es un premio. Ahora bien, el caminar en el poder y la unción del Espíritu Santo depende de nosotros, de nuestra obediencia. En esa vigilia fuimos testigos de grandes milagros, porque obedecí cuando me dijeron que me tocaba ministrar. No me resistí ni tampoco protesté porque me lo habían pedido tan solo minutos antes o porque no estuviera preparado.

La Palabra del Señor en Hechos 5:32 dice: «Nosotros somos testigos de estos acontecimientos, y también lo es el Espíritu Santo que Dios ha dado a quienes le obedecen». Y el Salmo 45:7 lo dice así: «Tú amas la justicia y odias la maldad; por eso Dios te escogió a ti y no a tus compañeros, ¡tu Dios te ungió con perfume de alegría!».

La presencia del Espíritu Santo es un regalo que Dios nos dio para que sepamos que él siempre está con nosotros y nunca nos dejará solos. Únicamente debemos pedirla y nos la dará. Ahora bien, la unción es diferente, es el poder de Dios que cubre a una persona y la sigue donde quiera que vaya. La unción viene sobre nosotros por la obediencia que le tenemos al Señor cuando le creemos. Él es quien desea ungirte y darte poder, pero para recibir esa unción debes ser obediente a sus mandamientos e instrucciones.

La unción viene sobre nosotros por la obediencia que le tenemos al Señor cuando le creemos.

DESATANDO AL BURRITO

Muchas veces Dios nos manda hacer cosas inusuales. Aunque para nosotros sea imposible que él pida semejantes cosas, lo hace para formarnos. Su Palabra lo demuestra en la historia que podemos leer en Lucas 19:29-34.

En esa oportunidad, el Señor envió a dos de sus discípulos a la aldea vecina, afirmándoles que allí hallarían un burrito atado que ningún hombre había montado jamás. Les ordenó que lo desataran y que se lo llevaran. También les dijo que si el dueño les preguntaba qué estaban haciendo con el burrito, simplemente debían responder que el Señor lo necesitaba.

Imagina por un momento la orden que les dieron a aquellos discípulos y la reacción que tuvieron al recibirla. Es lo mismo que si tu jefe te enviara a la ciudad vecina a tomar de una agencia un auto nuevo que nadie más haya usado, y que al momento de tomarlo, el dueño del auto te preguntara qué es lo que estás haciendo, y tú solo respondieras: «Es para mi jefe». Supongo que durante el camino los dos discípulos irían platicando mientras se percataban de la orden tan extraña que el Señor les había dado. Creo que caminarían comentándose el uno al otro:

—¿Te diste cuenta de lo que nos pidió el maestro?

—Sí —respondería el otro—, seguramente el dueño pensará que somos ladrones y queremos robarnos al burrito, y nos va a perseguir.

—¿No crees que sería más fácil que juntáramos el dinero entre nosotros y le compráramos al Señor un burrito nuevo?

Al llegar al lugar y encontrar al burrito amarrado, se habrán preguntado:

—¿Quién va a desatarlo?

—¡Yo no puedo!

—Está bien, yo lo desato, pero si preguntan por qué lo estamos llevando, tú respondes.

A pesar de todos los cuestionamientos que se hicieron por la instrucción tan inusual que recibieron, obedecieron la orden de Jesús.

En los momentos en que Dios nos pide que hagamos cosas inusuales y difíciles para nuestra carne, es cuando debemos morir a nuestro ego y a nuestro orgullo, porque es en esos instantes cuando Dios nos forma para que podamos ser ungidos.

En los momentos en que Dios nos pide que hagamos cosas inusuales y difíciles para nuestra carne, es cuando debemos morir a nuestro ego y a nuestro orgullo, porque es en esos instantes cuando Dios nos forma para que podamos ser ungidos.

Los seres humanos tenemos un problema cuando se habla de la unción. La duda es acerca del canal de traslado que Dios utiliza, o sea la persona a quien Dios ha ungido, porque a la mayoría les cuesta caminar en obediencia. Queremos obedecer a un Dios que no vemos, pero nos cuesta obedecer a las personas que sí vemos. Por eso, Dios te forma al establecer sobre tu vida autoridades que te den órdenes y te corrijan.

Desde niño, en todo lo que haces, has estado sujeto a alguien más: tus padres en casa, los maestros en la escuela o el jefe en el trabajo. Dios hace esto porque desea darte su poder, pero sabe que no hay nadie más peligroso que una persona ungida que sea desobediente. Es por eso que el Señor te somete bajo autoridades para que trabajes contigo mismo y hagas morir tu propia carne.

La obediencia es lo que hace que uno muera a sí mismo. La creatividad, los deseos y las aspiraciones que uno tenga no lo pueden lograr. La obediencia que uno muestra hacia el Señor le ayuda a hacer morir su propia carne, ego y orgullo y a decidir según el Espíritu Santo le guíe.

Al darles ese tipo de instrucciones inusuales, el Señor Jesús estaba formando a sus discípulos para que caminaran bajo la unción que él tenía. Estaba educándolos a fin de que obedecieran al que veían, para que después pudieran obedecer al que no veían. Cuando aprendieron a obedecer, fue Jesús mismo quien entregó a los discípulos al Espíritu Santo para que este los pudiera guiar. Habían obedecido a Jesús, a quien podían ver, ahora podrían obedecer al Espíritu Santo, a quien no podían ver.

Personalmente creo que en ese tiempo seguramente existía gente mucho más preparada que los discípulos a quienes Jesús llamó, pero fueron ellos los que mostraron mayor solicitud para servirle y seguirle. Habría personas que seguramente tenían mucho mejor carácter que el que tenía Pedro. Él era impulsivo, estaba armado y hasta le cortó la oreja a alguien. ¡Algunos pastores no lo tendrían ni siquiera como ayudante en el estacionamiento de la iglesia!

Juan y Jacobo querían incendiar una ciudad completa, Samaria, porque no los recibieron bien, y hasta se atrevieron a sugerírselo al Señor. A pesar de todos los defectos que tenían, eran obedientes y eso era lo que buscaba Jesús.

Cuando caminamos en obediencia el poder de Dios se manifiesta en nuestra vida.

Cuando caminamos en obediencia el poder de Dios se manifiesta en nuestra vida. Si quieres caminar bajo la unción y que el poder de Dios se manifieste en tu vida, debes ser obediente con los mandamientos y órdenes que el Señor te haya dado. Además, debes obedecer las órdenes que recibes de parte de las demás autoridades terrenales como tus padres, profesores, pastores, jefes y demás, obviamente siempre y cuando estas no impliquen ninguna forma de pecado.

EL PAGO DEL IMPUESTO

Otra historia similar la encontramos en Mateo 17:24-27 sobre el pago del impuesto del templo. Unos cobradores desafiaron a Pedro preguntándole si su maestro pagaba los impuestos como los demás. Más allá del interés en el dinero, ellos querían encontrar una falta para acusar al Señor.

Cuando Pedro regresó a su casa no le contó nada a Jesús, sino que fue él quien abordó el tema y le dijo que, aunque no deberían estar sujetos al cobro, para no ofenderlos, lo pagaría. Así que le dijo a Pedro que fuera al mar a pescar, pero le dio la instrucción específica de que echara un anzuelo y el primer pez que sacara tendría una moneda de oro en su boca. Con ella, Pedro debía pagar el impuesto de ambos.

Piensa un momento en esta escena. Pedro era un pescador industrial que echaba las redes al mar como forma de vida, y hasta tenía a su cargo personas que trabajaban para él. Era un empresario, pescaba con redes, no con anzuelo. Imagínate cómo pudo haberse sentido Pedro ante el hecho de que un carpintero le dijera de qué forma debía pescar. Eso era una ofensa, razón suficiente para que un pescador de la talla de Pedro no siguiera esa instrucción. Pero eso no era todo. Además de decirle que pescara con anzuelo le dijo que el primer pez que sacara tendría una moneda en su boca para pagar el impuesto. ¿Qué pez lleva una moneda en su boca y luego muerde un anzuelo? Todo conocedor de la pesca sabría que eso es un absurdo, pero Pedro no se detuvo a pensar en eso, sino que obedeció.

Me imagino que los cobradores de impuestos estaban esperando pillar a Pedro en algo. En ese momento lo vieron salir con su caña de pescar al hombro, rumbo a la orilla del mar.

«¡Qué cuadro tan extraño!», debieron pensar. Pedro se habrá sentado a la orilla y tiró su anzuelo al mar, no sabiendo del todo qué esperar. Volteó a observar a uno y otro lado, deseando que nadie más lo estuviera mirando, cuando divisó a aquellos cobradores de impuestos sorprendidos que no le quitaban la vista de encima. Los mismos que lo acusaban de no pagar sus impuestos, ahora lo veían con una caña de pescar a la orilla del mar. Aquel gran pescador ahora parecía un aficionado. Me atrevería a decir que hasta se burlaron de él insinuando que no pagaría los impuestos, y cómo iba a ir a pescar para sacar una moneda. Ellos pudieron haberle dicho: «Dejaste las redes por seguir a un hombre que no paga impuestos y ahora te quedaste solo con una caña». A pesar de toda la aparente humillación que pudo haber pasado, Pedro no soltó la caña de pescar hasta que un pez mordió el anzuelo. Con gran inquietud lo sacó del agua esperando ver qué pez era ese que había tragado una moneda y cómo la encontraría. Para sorpresa de los que se burlaban de él, dentro del primer pez estaba la moneda, tal como Jesús lo había dicho.

Ir a pescar de esa manera era humillante para él, pero solo así se puede morir a uno mismo. Pedro había aprendido que cuando obedecía, la mano de Dios estaba con él y todo salía bien. No olvides que Jesús también fue humillado en la cruz del Calvario, y por eso cuando resucitó, dijo que toda potestad le había sido dada. La unción sigue más fuertemente a aquellos que deben hacer cosas que no les gustan, que los hacen morir, y que no se niegan a hacerlas. Estos son aquellos que no ponen excusas defendiendo su vida, su ego o su reputación para no hacer lo que se les ha ordenado. Por el contrario, han dejado el orgullo a un lado y se han rehusado a disfrazarlo de cualquier tipo de apariencia espiritual que les impida caminar en la unción del Espíritu Santo. Y por eso el Señor los acompaña con su poder.

> *La unción sigue más fuertemente a aquellos que deben hacer cosas que no les gustan, que los hacen morir, y que no se niegan a hacerlas.*

EL HOMBRE CON EL CÁNTARO DE AGUA

El tercer ejemplo que quiero darte se encuentra en Lucas 22:7-13. Había llegado el día de la Pascua judía y el Señor participaría de ella con sus discípulos. Así que pidió a Pedro y a Juan que prepararan todo. Les dijo que cuando entraran en la ciudad les saldría al encuentro un hombre que llevaba un cántaro de agua. Ellos debían seguirlo hasta la casa donde entrara y tenían que preguntarle al dueño de esa casa dónde estaba el aposento alto para que el Señor comiera la Pascua con sus discípulos. Así lo hicieron, siguieron a ese hombre con el cántaro con agua, encontraron la casa y prepararon la Pascua en aquel aposento alto.

Imagino que Pedro y Juan no habían meditado detenidamente en lo que Jesús les había pedido hasta que comenzaron a caminar. En aquellos días los hombres no cargaban los cántaros de agua, sino las mujeres. Ellos nunca pensaron en lo extraño que era un hombre con un cántaro con agua y menos en cómo se vería que dos hombres lo siguieran por toda la ciudad hasta entrar en una casa. Ese hombre con el cántaro debió haber caminado muy extrañamente y todos en el vecindario debían conocerlo, pero la sorpresa fue que esta vez no iba solo, lo seguían dos hombre más. Pienso que algunos comenzaron a molestarlos y a burlarse de ellos, otros les silbaban y les decían cosas. Ellos estaban muriendo a sí mismos, pero no dejaron de obedecer la instrucción.

Piensa por un momento en las indicaciones que los discípulos de Jesús obedecieron. Imagina lo difícil que era para aquellos hombres ir a desatar un burrito y que los dueños les preguntaran la razón; o lo ilógico que era para Pedro ir de pesca a fin de sacar de la boca de un pez una moneda, cuando seguramente existen mejores métodos que ese para pagar impuestos. Aquellos dos apóstoles que tuvieron que caminar por toda la ciudad siguiendo a un hombre que llevaba un cántaro de agua probablemente se sintieron humillados, pero lo que el Señor estaba procurando era que murieran a su carne y aprendieran a obedecer.

Más adelante, el Señor tomó a aquellos dos que fueron a traer el burrito y un día los llevó ante el Espíritu Santo y le dijo: «Ellos no te ven, pero yo los entrené para que siguieran mis órdenes, de modo que aunque para sus mentes sean ridículas y absurdas, obedecerán. Si son capaces de ir a desatar un burrito y traérmelo, serán capaces de hacer todo lo que tú les pidas».

Supongo que también fue a ver a Pedro y le dijo: «Ven, te voy a presentar a alguien que no puedes ver, pero podrás obedecer, porque si me obedeciste a mí como para ir a sacar una moneda de la boca de un pez, espera a ver las órdenes que él te dará». Y lo habrá llevado ante el Espíritu Santo y le habrá dicho: «Él fue capaz de obedecerme en cosas a su parecer inusuales, asi que lo considero capaz de obedecerte».

También habrá ido a llamar a aquellos dos que siguieron al hombre que llevaba el cántaro de agua y seguramente les dijo: «Yo sé lo que sufrieron ese día, pero sé que ya no son hombre comunes y corrientes porque son capaces de obedecer». Y los habrá llevado ante el Espíritu Santo y le habrá dicho: «Te presento a dos que fueron capaces de seguir a un hombre que llevaba un cántaro de agua por obediencia. Te los entrego porque sé que vas a ungirlos».

Ahora te pregunto: «¿Podría tomar el Señor tu mano y decirte: "Tú has obedecido a tus padres y a tus autoridades", y llevarte ante el Espíritu Santo? ¿Podría el Señor tomarte de la mano y llevarte con el Espíritu Santo por haber obedecido en todo a aquellos que ves, garantizando que obedecerás al que no ves?».

ES CUESTIÓN DE OBEDIENCIA

El discipulado de nuestro Señor es comparable a la educación que le da un padre a una hija que entregará un día en el altar. Le enseña a ser sujeta y obediente a él para un día poder llevarla del brazo y entregarla a alguien más. Ese día podrá decirle al novio: «Durante años la he educado y formado, estoy seguro de que es una mujer sujeta que te honrará en todo. Por eso sé que te irá bien».

Discipular es formar a alguien para entregarlo a otra persona. Si aprendes a obedecer a quienes ves, el Espíritu Santo podrá confiar su poderosa unción en ti. Él sabe que si un hijo es capaz de obedecer a sus padres aunque no entienda sus instrucciones, o un trabajador es capaz de sujetarse a su jefe aun en los momentos más difíciles, entonces serás capaz de obedecerlo a él en todo. Él nos pone bajo autoridad para que seamos formados y salga a luz nuestra actitud, mientras el Espíritu Santo observa para saber quién podrá obedecerle.

> *Él nos pone bajo autoridad para que seamos formados y salga a la luz nuestra actitud.*

Por eso, años más tarde, el apóstol Pedro fue usado para llevar el Evangelio por primera vez a los gentiles y abrir así la puerta de la salvación a todos aquellos que no somos judíos. El Espíritu lo visitó y le dio una visión en la que vio un lienzo bajando con todo tipo de animales, unos puros y otros impuros, y escuchó una voz que le dijo: «Levántate, mata y come». Él se resistía a hacerlo pues nunca había comido carne de animales impuros, pero escuchó la voz del Señor que le decía: «No llames impuro a lo que Dios limpió». En ese momento unos hombres, enviados por el Señor, visitaron su hogar para pedirle que los acompañara a casa de Cornelio, donde le esperaban para que les hablara del Reino de Dios. Como todos los judíos, para Pedro era incorrecto visitar el hogar de hombres extranjeros, pero entendió la orden del Señor de no llamar impuro a lo que él santificaba.

Acostumbrado a obedecer sin entender, siguió las instrucciones que le daba el Señor y los acompañó. Aunque ir a ese lugar tal vez no era de su agrado, lo hizo sin ningún problema. Él fue ante los gentiles porque había sido formado el día que fue a pescar para sacar una moneda de la boca de ese pez y porque fue uno de los que obedeció la extraña orden de seguir por toda la ciudad a un hombre que llevaba un cántaro con agua. Es por eso que cuando el Espíritu Santo necesitó de un hombre que llevara las buenas nuevas a los gentiles, sabía que podía contar con Pedro. La unción se derramó por primera vez sobre ellos porque Dios encontró en Pedro a un hombre obediente.

Existen personas que desean tener unción, pero no quieren mantener una relación con el Espíritu Santo que nos unge. Por lo general, la gente presta atención a los dones que el Espíritu de Dios puede darnos y desean tenerlos, pero no siguen sus instrucciones que nos guían día a día. Cuando crees en Dios, obedeces su Palabra. Nadie podría decir que cree en Dios si no ha obedecido su Palabra, porque lo que se cree se refleja en la obediencia que se demuestra.

Creo que los milagros del Señor se manifiestan en mi vida no solo porque tenga un don especial, sino porque he obedecido la orden de orar por los enfermos. Orar para que los enfermos sean sanados es una orden que todos hemos recibido, no solo aquellos que tienen un ministerio de sanidad. Atrévete a imponer tus manos sobre los enfermos y a creer que los milagros sucederán. No temas la mirada de los que criticarían si nada sucede en aquellos por quienes oras. La unción sigue a la obediencia. Mientras no estés dispuesto a obedecer lo que no te gusta hacer, no podrás ver en tu vida y ministerio una unción poderosa. Tendrás momentos de unción y la pasarás bien en su presencia, pero ver el poder de Dios siempre presente en tu vida es cuestión de fe y obediencia.

> *Mientras no estés dispuesto a obedecer lo que no te gusta hacer, no podrás ver en tu vida y ministerio una unción poderosa.*

105

CAPÍTULO 8

ATENDIENDO A TU SEÑOR

Constantemente la gente me pregunta cuánto tiempo dedico a la oración. Ellos creen que la cantidad de tiempo de oración es proporcional a la cantidad de unción que será derramada en las reuniones. Nunca quiero responder a esta pregunta porque no es como ellos creen. La Biblia no relaciona la eficacia de la oración con el tiempo que esta dure. De ser así todo sería muy sencillo, ya que con «hablar como loros» repitiendo palabras, lograríamos que la unción de Dios aumentara sobre nuestra vida.

Al preguntar por el tiempo de oración, muchos pretenden darle más poder a la duración de la misma que a Dios, que es quien responde. Lo importante es orar con fe, pues «al que cree todo le es posible». El apóstol Santiago enseña que la oración eficaz del justo puede mucho. La palabra «eficaz» va ligada a la «eficiencia» y significa lograr objetivos en el tiempo justo. Por lo tanto, tu oración debe ser eficiente para producir los frutos y las respuestas que buscas.

Otra pregunta que me hacen frecuentemente es qué precio tuve que pagar para obtener la unción. Mi respuesta es que el Señor Jesucristo fue quien pagó el precio en la cruz del Calvario al derramar su sangre por todos nosotros. Este sacrificio nos abrió la puerta para recibir al Espíritu Santo. Nada de lo que yo pueda hacer con mis esfuerzos puede ser mayor que el precio que pagó el Señor Jesús. Sería altivo de mi parte decir que fueron mis años de oración o sacrificios los que lograron que la unción se derramara.

Escuché a algunos decir que vivir en santidad es el precio que debieron pagar, pero para mí ese es el resultado de obedecer a quien llamamos «nuestro Señor». Es lo que deberíamos hacer. Otros dicen que los múltiples viajes y dejar a la familia para atender la obra del Señor es pagar el precio, pero eso es lo que también hacen los visitadores médicos o los militares que son trasladados a destacamentos. Lo mismo ocurre con madrugar o desvelarse por atender a alguien. ¿Acaso no es lo mismo que hacen los pediatras cuando atienden niños enfermos? ¿Acaso no se cansan también las demás personas que trabajan en sus profesiones u oficios si desean alcanzar sus metas? ¿Por qué entonces solo los líderes cristianos queremos llamar a eso el «precio que se ha pagado»? No podemos ponerle a la unción un precio que cualquiera podría pagar para tenerla. Todo el precio lo pagó Jesucristo y es la fe en su obra la que te permite ver su gloria.

Orar y buscar el rostro del Señor no es un precio, es un deleite. Es el mayor placer de todos. ¿Cómo puedes llamar sacrificio a estar en la presencia de Dios, adorándolo? Yo lo busco porque lo amo, no porque sea un requisito para la unción. Oro y le pido porque es mi Padre y confío en él que desea darme todas las cosas. Me esfuerzo en buscarlo constantemente aunque esté cansado porque lo amo.

Orar y buscar el rostro del Señor no es un precio, es un deleite.

ÚTIL Y OBEDIENTE

En el libro de Lucas 17:7-10 leemos una gran enseñanza que el Señor nos dio acerca del trabajo y el servicio que debemos a nuestras autoridades: «Supongamos que uno de ustedes tiene un siervo que ha estado arando el campo o cuidando las ovejas. Cuando el siervo regresa del campo, ¿acaso se le dice: "Ven en seguida a sentarte a la mesa"? ¿No se le diría más bien: "Prepárame la comida y cámbiate de ropa para atenderme mientras yo ceno; después tú podrás cenar"? ¿Acaso se le darían las gracias al siervo por haber hecho lo que se le mandó? Así también ustedes, cuando hayan hecho todo lo que se les ha mandado, deben decir: "Somos siervos inútiles; no hemos hecho más que cumplir con nuestro deber"».

En este pasaje el Señor nos ofrece una nueva perspectiva del servicio. Quiero mostrarte tres cosas importantes en esta historia que transformarán tu desempeño laboral y tu búsqueda del Señor. La primera es sobre la obediencia, la segunda sobre el respeto y la última acerca de ceñirse para atender a tu Señor.

La obediencia en tu trabajo es un requisito que se espera de ti. Muchos quieren hacer lo que «les nace» o «sienten» y no lo que se les pide, demostrando que detrás de su «creatividad» e «ingenio» lo que realmente hay es resistencia a la autoridad. Si quieres crecer en tu trabajo, haz puntualmente lo que te piden. Esto no significa que está mal aportar tus opiniones, sino que debes, en primer lugar, esforzarte por cumplir con excelencia lo que te piden. Tus jefes promoverán personas en quienes pueden confiar, por lo que la obediencia te convierte en alguien que recibe bendición.

No esperes que te den las gracias por todo lo que hagas ni te frustres al no recibir reconocimiento. Al contrario, agradece siempre lo que recibes, aunque nadie te agradezca lo que haces. En este pasaje el siervo se reconoció inútil, siendo obediente en todo, pues solo hizo lo que le encomendaron. No esperó la gratitud de su amo, pues él sabía que es inútil quien hace solamente lo que le ordenan. Es duro, pero así está escrito. No lo dice el Ministerio de Trabajo, el Departamento de Recursos Humanos ni tu jefe. Según la Palabra, cuando únicamente cumplimos con nuestro deber, somos inútiles. Seremos útiles cuando hagamos más que lo que se espera de nosotros.

Jesús les enseñó obediencia a sus discípulos. Los preparó para que fueran obedientes incluso cuando ya no pudieran verlo. Solamente así podrían seguir la dirección del Espíritu Santo que no verían. De igual manera enséñale obediencia a tus hijos, para que el día que ya no estés, sean capaces de recordar y poner en práctica todos los valores que les compartiste.

Recuerda que una persona obediente es quien tiene la capacidad de hacer lo que le ordenan y útil es quien ofrece más de lo que le piden. Jesús busca personas útiles y obedientes.

Recuerda que una persona obediente es quien tiene la capacidad de hacer lo que le ordenan y útil es quien ofrece más de lo que le piden. Jesús busca personas útiles y obedientes.

RESPETUOSO Y SERVICIAL

Había una época cuando se honraba a los mayores y líderes. Antes era bien visto llevarle un regalo a la maestra de la escuela o tener un detalle amable como obsequiarle una manzana. Ahora aquel que lo hace es tildado como un «interesado». También era común ver a los alumnos ponerse respetuosamente de pie para saludar cuando alguien entraba al salón de clase. Ahora ni siquiera se voltean a mirar.

Las tareas diarias del siervo de la parábola eran labrar y pastorear, sin embargo, se le pedían otras a las que no podía negarse. Debía llegar a casa después de un arduo día de trabajo y atender a su amo. Él debía hacer algo extra, pero hoy día pocos quieren hacer más de lo que les corresponde. Probablemente esta falta de compromiso es lo que nos ha llevado a la actual crisis económica y de valores.

En estos tiempos es difícil encontrar una secretaria atenta y detallista que genuinamente atienda a su jefe sin intereses ocultos. Gracias a Dios tengo una asistente eficiente que todavía me pregunta si puede retirarse, aun cuando ya ha pasado su hora de salida. También puedo pedirle que me prepare un café aunque no esté anotado en el contrato de trabajo como una de sus obligaciones. Esta es la actitud correcta. Debes ser el trabajador que antes de irse a casa pasa por la oficina del jefe ofreciéndole un vaso de agua o preguntando si necesita algo más. Demuestra ser una persona servicial que no mide su esfuerzo. Cuida a tu jefe y no solo al trabajo que te otorgó, así como atiendes al Señor y no solo a la obra a la que te llamó.

CEÑIRSE PARA RECIBIR BENDICIÓN

En la parábola citada, al final del día el amo no le preguntó al siervo si estaba cansado, sino que le pidió que preparara la cena, se ciñera y le sirviera. Luego, al terminar, podría disfrutar de esa misma comida. Esta es una gran promesa. Si el siervo se retiraba al final de la jornada a la casa con los demás siervos, comería con ellos de la comida para jornaleros. Pero al ir a la casa del amo, prepararle la cena y servirlo, tiene la oportunidad de comer en su casa, sentado a su mesa, de la comida que el amo come, y lo más hermoso, pasar un tiempo en su compañía. El siervo que obedece y atiende a su señor, al final del día, recibe un mejor alimento y mayor bendición. Esto implica un esfuerzo extra, porque exige hacer algo que no le corresponde. Entonces la clave está en «ceñirse», que significa sujetarse.

Aquellos que deben levantar un peso muy grande, como los levantadores de pesas o los trabajadores de mudanzas, utilizan un cinturón que sirve de soporte para la cintura y protege su columna vertebral. Justamente eso es lo que debemos hacer. A fin de realizar un mayor esfuerzo debemos ceñirnos para servir, porque siempre habrá una recompensa para aquel que lo haga.

A fin de realizar un mayor esfuerzo debemos ceñirnos para servir, porque siempre habrá una recompensa para aquel que lo haga.

La Palabra fresca y la revelación con la que Dios me bendice no la saco de cuidar ovejas, sino de ceñirme cuando ya no tengo fuerzas y servirle la cena a mi Señor. Levanto mis manos y le digo: «Aquí estoy para atenderte, dime qué más quieres».

Al final del día, luego de tu jornada de trabajo, preséntate frente a tu Señor, sírvele la cena y pregúntale qué más puedes hacer por él. Ten por seguro que su respuesta será: «Quédate conmigo, come junto a mí y conversemos».

Ofrécele siempre la mejor cena al Señor, porque seguramente comerás de ella. Dale la mejor adoración, porque él te honrará de la misma forma. Declara que ese tiempo será especial para adorar a Dios y atiéndelo como nunca antes lo has hecho. Cíñete y atiende a tu Señor.

No seas un siervo inútil. Si estás cansado, busca un cinturón para sujetarte, saca fuerzas de donde puedas y siempre da más de lo que te pidan. Atiende a quien te da órdenes, que no te importe lo que piensen o digan los demás. Ser un buen hijo de Dios implica también ser un trabajador que se esfuerza y destaca. Sin importar a lo que te dediques, demuestra siempre tu compromiso y sé útil. Y lo más importante, atiende a tu Señor, nunca te acuestes sin servirle la cena y compartir tiempo en comunión con él.

EL PELIGRO DE MIS PREOCUPACIONES

Todos conocemos la historia de Marta y María, dos hermanas que invitaron a Jesús a comer en su casa. Mientras Marta se preocupaba por los quehaceres, María se sentó a los pies del Maestro y lo escuchaba. Marta se molestó con ella porque no le ayudaba y le pidió al Señor que la reprendiera, pero él le respondió que una cosa era necesaria y que María había escogido la mejor parte.

Marta estaba muy afanada porque todo estuviera en orden para su invitado. Era productiva, pero no se daba tiempo para escuchar al Señor. No es malo hacer un banquete y velar porque todo salga con excelencia, sino hacerlo con la actitud equivocada. Quiero aclarar que a Dios no le interesa que seamos haraganes o negligentes, pero tampoco quiere que nos excedamos en el trabajo diario. Él sabe muy bien que este abuso puede dañar nuestro organismo, resentir la relación con nuestra familia y sobre todo, puede afectar la relación íntima que desea tener con cada uno.

Toma tiempo descubrir que lo más importante de este mundo es tu tiempo a solas con Dios. María lo descubrió y Jesús no la privaría de ese regalo. El afán de la vida y el engaño de las riquezas buscan apartarte de su presencia.

Hay quienes han perdido esa intimidad al luchar por un ingreso más alto, una casa más grande o un mejor puesto en el ministerio. Están tan afanados que no han logrado descubrir lo verdaderamente valioso de la vida. No han comprendido que no solo de pan vive el hombre, sino de la Palabra que sale de la boca de Dios.

Haz tiempo para escuchar a Dios. Si quieres oírlo, debes liberarte de todo lo que te angustia. Desecha la ansiedad y el afán de tu mente, de lo contrario no podrás escuchar la promesa de Dios para tu vida. Debes atender a quien sirves. No basta con trabajar todo el día para el Señor, es necesario que pases tiempo con aquel que te creó, dio su vida por ti y te anhela celosamente.

Es necesario que sirvamos al Señor, pero que tomemos tiempo para escuchar su voz. Eso evitará que nuestro corazón se llene de afán y lleguemos a reclamarle a Jesús, tal como lo hizo Marta en aquella oportunidad. No podemos permitir que la actividad para el Señor sustituya nuestra relación con él.

EN QUIETUD Y REPOSO

La Biblia nos enseña en el libro de Marcos 6:31 que el Señor Jesús llevó a sus discípulos a un desierto porque era mucha la gente que iba y venía, y ya no tenían tiempo ni para comer. ¿Por qué los llevó a un desierto? ¡Porque quería que descansaran! ¿Cuándo es bueno descansar? Todos los días. Si tomáramos descansos cortos, bajaríamos nuestros niveles de estrés y no necesitaríamos vacaciones tan largas y costosas. La voluntad de Dios es que trabajemos y también que descansemos, que busquemos nuestro propio desierto para meditar en Dios. No le temas a la soledad, pues realmente es muy productiva.

Cuando el Señor quiso liberar a su pueblo de la esclavitud de Egipto, le dio palabras a Moisés para que se las transmitiera, y dice Éxodo 6:9 que ellos no lo escuchaban, sino que «por su desánimo y las penurias de su esclavitud ellos no le hicieron caso». Al decaer su ánimo por el exceso de trabajo dejaron de escuchar las grandes promesas de Dios que no pueden darse a conocer en medio de la prisa porque él es Dios de reposo y meditación

Al decaer su ánimo por el exceso de trabajo dejaron de escuchar las grandes promesas de Dios que no puede darse a conocer en medio de la prisa porque él es Dios de reposo y meditación

¿Hace cuánto que no tienes contacto con la naturaleza? De la casa a la oficina, de la oficina a la casa, de la casa al televisor, del televisor al Internet, del Internet al celular. Las veces que me he equivocado han sido generalmente por la impaciencia que provoca mi ansiedad no dominada. ¡Hay que tener cuidado con las oraciones impacientes! Debemos dejar ir todas las cosas que nos provocan tensión para conocer a Dios. Cuando tienes en la cabeza el afán de la vida no puedes escuchar a Dios, porque tu mente está muy atribulada. Libera tu mente para ponerle atención a las promesas de Dios.

No puedes conocer a Dios en medio del bullicio que nos rodea en este siglo. Él puede manifestarse en público, pero también le gusta darse a conocer cara a cara, en la soledad de quien lo busca. El Salmo 46:10 dice: «Quédense quietos, reconozcan que yo soy Dios». La palabra «quietos» en el griego original y traducida al inglés significa «relax». Este es un consejo que nos ayudará a mejorar nuestra intimidad con Dios.

LA ORACIÓN EFICAZ

Aprender a orar eficazmente es un proceso. El trato en la oración es tan individual como el de un padre educando a sus hijos. Dios es nuestro Padre y quiere enseñarnos la base de una buena relación con él. No debemos hacer una doctrina de la forma en que cada uno se acerca al Señor en intimidad, porque la oración es tan personal que solamente podemos compartir nuestras experiencias. Cada uno sabe a qué hora y cómo le es más conveniente dedicarse a buscar intimidad con el Señor, pero todos debemos hacerlo.

Si estás aprendiendo a orar, es bueno establecer un horario que se respete para crear el hábito y lograr una disciplina de vida que no teníamos antes de convertirnos. Por eso, por muchos años fui exigente en cumplir con el tiempo de oración que establecí de seis a ocho de la mañana. Durante ese tiempo me di cuenta que en la segunda hora repetía mucho de lo que ya había orado en la primera. Así que reduje el tiempo porque comprendí que la cantidad no determina la calidad de la oración. Pero para mí fue necesario pasar por esa etapa de maduración, porque todo ese tiempo invertido en la oración me ayudó a trabajar en mi fe. Sentimos la necesidad de repetir varias veces las cosas, no porque pensemos que Dios no nos escucha, sino porque al hacerlo trabajamos en nuestra propia fe. Jesús dijo que no abusáramos de vanas repeticiones, pero no todas las repeticiones son vanas. Es como aquel que hace planas para escribir con mejor trazo y repite las palabras varias veces hasta hacerlo bien. La práctica y la repetición logran la perfección y seguridad en el trazo. Cuando ya sabes escribir, no necesitas continuar haciendo planas, porque en menos tiempo logras hacer buena letra.

Luego de años de ser disciplinado y responsable con mi tiempo de oración, llegó el momento cuando me enseñó a confiar más en él. Al iniciar las *Noches de Gloria*, mi esquema de oración cambió drásticamente y perdí mi disciplina de orar a las seis de la mañana. Como las reuniones terminaban pasada la medianoche, me costaba mucho despertarme fresco al día siguiente para orar y tenía un gran conflicto interno. Hacía lo imposible por guardar ese tiempo, y cada vez era más difícil. Incluso reprendía a Satanás, pues creía que era él quien interfería. Sin embargo, la unción no disminuyó, al contrario, sus manifestaciones en mi vida eran más palpables. Me sentía inseguro de ministrar sin orar tanto como antes, pero aun así ocurrían más milagros y escuchábamos más testimonios. Fue entonces cuando el Señor me dijo que estaba tratando con mi fe. Él deseaba que tuviera confianza y simplemente me sintiera seguro de hacer lo que era necesario. Al parecer, oraba tanto que me jactaba de ello, y había llegado el momento de aprender a vivir en comunicación con él, a estar conectados la mayor parte del día.

Cierta vez, mis hijos pequeños me pidieron que jugara con ellos justo cuando me disponía a orar y me pusieron en una encrucijada. No podía dejar de lado sus demandas de atención, pero tampoco quería quedar mal con el Señor y necesitaba ese tiempo a solas con él. En ese momento escuché que me decía: «¿Crees que te dejaré de ungir porque juegues con tus hijos y cumplas con tu deber de padre?». Decidí quedarme jugando con ellos, así que nos subimos a la cama a saltar y jugar, pero en mi interior seguía preocupado. Esa noche sentí una paz muy grande cuando entré al lugar donde debía ministrar. Fui el primer sorprendido al notar que mientras caminaba hasta la plataforma, la gente comenzaba a caer tocada por el Espíritu Santo. Cualquiera hubiera dicho: «Este hombre viene de orar intensamente», cuando la verdad era que llegaba de saltar en la cama con mis hijos. Lo único que pude hacer fue confiar en la voz de Dios que me dijo: «Yo estaré allí. Yo seré quien actúe».

El Señor me enseñó a confiar, no a ser irresponsable con mi tiempo de oración. Lo importante es comprender que lo que se aprende orando no se aprende confiando, y viceversa. Sería una irresponsabilidad decir que ya no oro porque confío. No hay que ser «irresponsablemente confiado». Es necesario orar siempre y con fe, y eso hago constantemente.

El caso de Moisés intentando orar frente al Mar Rojo resume mi vida. Dios le dijo: «No es tiempo de pedir, extiende la vara». Esto significaba que en ese momento no había que orar, sino actuar. En lo personal, me costó mucho comprender que había momentos en los que ya no debía orar, sino extender la vara, porque el Señor ya estaba dispuesto a hacer su obra. Ahora entiendo que fue muy difícil aplicar esta verdad a mi vida porque lo que había logrado hasta ese momento era fruto de once años de oración intensa y me costaba comprender que había pasado a otro nivel. Me culpaba y «autocondenaba» por no orar tanto como antes. Enfrentaba un problema de conciencia, hasta que aprendí a desarrollar la confianza sin dejar de amar mi momento de oración.

Hoy estoy convencido de que Dios no me abandonará si por alguna razón no logro tener el tiempo de oración planeado, ya que tengo muchos años acumulados de intensa comunicación con él. Aun así, es importante recordar que la confianza no es justificación para la negligencia. Continúa orando, no sea que por confiarte seas como el campeón que menosprecia a su adversario y es derrotado.

La calidad de la oración se reconoce por los resultados que produce. Un hombre que se comunica con Dios se identifica por el ambiente de bien que lo rodea. Hay quienes hacen de la oración un fin, no un medio. Piensan que dedicarse a orar los hará santos, sin importar qué digan, pidan o repitan. Recordemos que en la Biblia, la oración siempre ha servido para lograr algo. Elías oró para que no lloviera por tres años y medio, y luego para que volviera a llover. Al inicio de tu vida de oración pides veinte veces por algo pequeño, pero cuando tu fe se ha ejercitado, oras una sola vez por algo veinte veces más grande. La fórmula se invierte.

A orar se aprende orando. No se puede enseñar nada sobre la oración a quien no ora, y al que ora no puedo enseñarle mucho, porque todo lo aprende por sí mismo en su experiencia personal. Aprende a trabajar contigo mismo, pasa tiempo con el Señor, contemplándolo y no solamente pidiendo. Así descubrirás que poco a poco, buscándolo y conociéndolo a fondo, tu oración se hará más efectiva. Es como los hijos que ya tienen confianza para pedirte algo porque te conocen y saben en qué momento hablarte. La clave es encontrar el momento indicado, porque el que lo pide en el tiempo justo lo obtiene más rápido que el que insiste e insiste sin conocer al Padre. La comunicación con Dios es un círculo virtuoso: «Mientas más tiempo dedicas a la oración, más lo conoces, y mientas más lo conoces, tu oración es mejor».

> *Aprende a trabajar contigo mismo, pasa tiempo con el Señor, contemplándolo y no solamente pidiendo.*

CAPÍTULO 9

LO MATERIAL Y LO ESPIRITUAL

El Espíritu Santo es el instructor por excelencia. Él tiene un método singular para enseñar a cada alumno, como si diera clases particulares y personalizadas. Imparte sus enseñanzas como la persona lo necesita, según sus características individuales. Por eso creo que me ha enseñado de una manera particular que quizás no use con otros.

Una de esas enseñanzas rompió uno de los prejuicios más grandes que tenía en mi vida cristiana. Esto ocurrió cuando me enseñó en el pasaje de 1 Corintios 2:9-12 que el Espíritu Santo es quien nos revela no solo las cosas de Dios y lo profundo de su corazón, sino también las cosas que el Padre nos ha concedido. Él sabe antes que nosotros lo que Dios quiere darnos, y nos lo susurra para que se lo pidamos en oración, sabiendo que al hacerlo su respuesta será «sí». Es como aquel hijo que, escuchando que sus padres han decidido regalarle una bicicleta a su hermano, corre a contárselo para que la pida.

Con esta enseñanza decidí acudir al Espíritu Santo en oración y preguntarle qué debía pedir, creyendo que me revelaría aquello que el Padre anhelaba darme. Su respuesta me tomaría totalmente por sorpresa. Hasta ese día yo tenía muchos prejuicios respecto a pedir lo material y creer que el Señor deseaba proveerme, pero iba a transformarme en solo tres noches. La primera noche fue cuando su presencia llenó mi dormitorio y le pregunté qué debía pedir, entonces escuché su dulce voz diciéndome: «Pídele tu casa. Él quiere dártela».

Para mí fue un desafío pedir mi casa, pero le obedecí. Al principio me llamó la atención que me motivara a pedir esto, pues para mí era algo material que no debía ser tan importante como para tomar el tiempo de orar por ello. Pero el Espíritu me insistió, y me dijo que ya el Padre me lo había concedido y que solo debía pedirlo. Fue necesario que rompiera con mis esquemas y estructura mental, pero en cuanto la pedí, mi cuerpo entero se llenó de la presencia del Señor. Sentí como si me hinchara debido al fuerte reposo de su poder sobre mí. Efectivamente, años más tarde, mi esposa y yo logramos construir nuestra casa como la deseábamos, sin deudas y con toda tranquilidad.

Motivado, regresé al día siguiente a mi cuarto de oración y el Espíritu volvió a hablarme. Esta vez me llevó a otro nivel. Me dijo que pidiera el auditorio lleno de jóvenes, porque Dios quería dármelo. En ese tiempo pastoreaba a la juventud en mi anterior iglesia, antes que el Señor me llamara y mis pastores me bendijeran para la obra. Entonces levanté mis manos, y cuando estaba pidiéndolo tuve la impresión de ver el auditorio lleno. Esa misma presencia que vino sobre mí aquella primera noche volvió a mi habitación. Y así sucedió, aquel grupo de jóvenes que pastoreaba llegó a ser el más grande de mi país.

La tercera noche regresé sabiendo que él me llevaría a un nivel más alto que en las anteriores oportunidades. Esta vez el Espíritu me habló y dijo: «Ahora pide más de mí, porque el Padre desea ungirte». En ese momento pude sentir cómo la gloria de Dios llenó toda mi habitación y su poderosa presencia reposó sobre mí. Así ocurrió, luego de un tiempo, su unción vino a reposar sobre mi vida.

Algo que debes notar es que pedir a Dios es semejante a cuando compras algo a distancia. Lo encargas hoy, lo pagas en el instante y por lo tanto ya es de tu propiedad, pero toma un tiempo que te lo envíen y llegue a tus manos. Pide a Dios hoy. Cree que te ha concedido lo que le has pedido. Y espera con fe que te lo haga llegar.

Pide a Dios hoy. Cree que te ha concedido lo que le has pedido. Y espera con fe que te lo haga llegar.

De esa forma el Señor me llevó de pedir algo material, como una casa, a algo ministerial, como ver el templo lleno de jóvenes, hasta algo espiritual, como ver su gloria. En el momento en que estaba viviendo esto, yo no conocía todos los planes que Dios tenía para mi vida y ministerio.

Años más tarde, luego de pasar por el proceso de esas tres peticiones, me di cuenta que el Señor es tan completo que provee todo lo que es necesario para bendecir a las personas. Las *Noches de Gloria* son un claro ejemplo de cómo estos tres aspectos funcionan juntos. El Espíritu Santo, en su misericordia, ha depositado en mí un don tan hermoso como el de la sanidad para ver a los enfermos ser sanos, y el don de la fe para creer que la gente llegará y que proveerá los recursos a fin de pagar todos los gastos que implica bendecir a la gente. ¿Podrías imaginarte que alguien tenga todos los recursos materiales, pero no posea el don del Espíritu Santo para bendecirlos? O al revés, ¿te imaginas tener el don del Señor para ministrar sanidad a las personas, pero no los recursos para hacerlo llegar a más gente? Por eso es necesario creer que Dios nos dará todas las cosas.

Cuando el Espíritu Santo me motivó a pedir lo material, lo ministerial y lo espiritual, sabía hacia dónde iba y el fin último de la instrucción que me daba. El Señor no nos usará sin antes instruirnos y no lo hace si no estamos dispuestos a que nuestro *status quo* sea quebrantado por su Palabra y enseñanza.

Ahora tengo la fe para construir un templo más grande, el cual vi hace más de veinte años, que sirve para albergar a muchísima gente que ha venido a los pies de nuestro Señor. También tengo la convicción para verlo lleno y la unción para bendecir a las personas que lleguen. Como podrás darte cuenta, todas estas cosas trabajan juntas para bendecir a muchas personas. Debemos tener una fe integral y balanceada para lograr los tres aspectos, porque uno o dos no son suficientes y no cumplen el gran objetivo.

Si crees que la unción estará sobre ti, debes saber que es para bendecir a alguien más. Entre más personas quieras bendecir, más recursos vas a necesitar. Por lo tanto, debes tener fe para lo material y para lo espiritual. Dios provee ambos.

UN DESAFÍO DE FE

En nuestra vida espiritual y material deberíamos tener un solo pensamiento: Creer y buscar siempre lo mejor. En mi vida he aprendido que la fe para lo material complementa la fe para lo espiritual. Todo lo que se puede ver ahora en nuestro ministerio, desde la creciente iglesia hasta las *Noches de Gloria*, ha sido el resultado de creerle a él.

No existe nada de malo en usar tu fe para prosperar día a día. Esto es creer que Dios te prospera en aquello a lo que te dedicas y en lo que te esfuerzas.

No existe nada de malo en usar tu fe para prosperar día a día. Esto es creer que Dios te prospera en aquello a lo que te dedicas y en lo que te esfuerzas. No olvides que una de las promesas que Dios le hizo a Josué es que si se esforzaba y era valiente, prosperaría en todo lo que emprendiera. Por lo tanto, cada cosa que emprendo creo que Dios la hará prosperar. Otro ejemplo claro de esto es José, hijo de Jacob, de quien incluso Faraón entendió que Dios estaba con él, porque todo lo que hacía prosperaba.

Creerle a Dios todos los días en cuanto a la prosperidad es como ir al gimnasio de la fe y ejercitar el músculo de la confianza de que te dará la victoria en el día de la verdadera pelea. Por eso hay situaciones que desafían nuestra fe diariamente, porque el Señor desea que te mantengas ejercitándote, venciendo en la batalla de la fe. Así como un avión vuela gracias a una fuerza contraria que se llama sustentación, la fe se mantiene viva por los desafíos que se te presentan a menudo. No podrás volar sin sustentación, como tampoco podrás vivir si no peleas la batalla con fe.

No podemos hablar de ganar si no hemos tenido el riesgo de perder. No podemos hablar de superarnos si no hemos enfrentado adversidades. Por lo tanto, aunque alguien quiera creer que la fe no debe usarse para prosperar, yo lo seguiré haciendo. Tomaré los desafíos diarios que Dios me ponga, creyendo que puede darme todas las cosas en Cristo. De ese modo seré testigo de su poder. Así como creo que me puede usar para sanar a miles, también debo creer que tendré los recursos que se necesiten para que esta bendición llegue a más personas.

NO ESCATIMÓ NI A SU PROPIO HIJO

En el libro de Romanos 8:32, el apóstol Pablo nos hace esta pregunta: «Si Dios no escatimó ni a su propio Hijo, sino lo entregó por todos nosotros, ¿cómo no nos dará también con él todas las cosas? Si ya nos dio a su Hijo, de seguro que nos dará cualquier otra cosa que le pidamos».

Déjame repetirte la misma pregunta que Pablo hace: Si el Padre entregó a su Hijo amado, y aún cuando estaba en su gloria se despojó para morir humillado en la cruz del Calvario, ¿no crees que junto con él quiere darte todas las cosas materiales que necesitas y que tienen mucho menor valor que el Hijo? ¿O crees que las cosas materiales que puedas pedirle son más importantes y más valiosas para el Padre que su único Hijo? Si ya te dio con todo su amor a aquel que es mucho más valioso, no te negará lo material. Al recibir a Jesús en tu corazón, debes creer que recibirás las bendiciones que lo acompañan.

Si voluntariamente me dieras a tu hijo y tiempo después te pido alimento para sustentarlo, ¿qué harías? ¿Acaso no me lo darías si ya me confiaste a tu hijo? ¿Qué padre entrega a su hijo ensangrentado, crucificado, y después no te quiere dar nada?

El Señor quiere que mantengas tu fe activa todos los días, creyendo que te será dado todo lo que necesitas y deseas. Si no crees en Dios para las cosas materiales, ¿quién crees que te las dará? No puedes decir: «Que Dios me dé el Hijo y que el diablo me dé el sustento», porque el mismo que te dio al Hijo quiere darte todo lo demás.

> *El Señor quiere que mantengas tu fe activa todos los días, creyendo que lo que necesitas y deseas, te será dado.*

Cristo fue entregado por tu causa y con él vienen todas las demás cosas. Cuando tengas una aflicción económica, puedes decirle al Señor: «Dormiré en paz, porque si ya me entregaste al Hijo, nada me faltará». Cuando necesites algo, vuelve a la cruz y dile: «Si ya me entregaste a tu Hijo, yo sé que me darás también lo que me hace falta». Pon tu fe en Cristo que murió en la cruz y obtendrás la plenitud de lo que el Padre te entregó en ese lugar.

Si Dios puso dentro de tu corazón lo que no tiene precio, también te dará aquello que sí lo tiene. Solamente Jesús ha sido exaltado hasta lo sumo. Si el Padre ya te dio lo más alto en el universo, ¿cómo no te dará las demás cosas?

Cuando la Biblia declara que Dios no escatimó ni a su propio Hijo y que por lo tanto no nos negará las demás cosas, en el contexto la Escritura se refiere a aquellas cosas que necesitamos para dar a conocer al mundo que Dios ya entregó a su Hijo para salvarnos. Por lo tanto, todos aquellos que queremos llevar el mensaje de nuestro Señor Jesús al mundo entero también debemos creerle que proveerá todo lo que necesitamos para lograrlo.

La enseñanza de la prosperidad es más espiritual de lo que crees y es solo para gente madura. Si el Señor te dio el cuerpo, ¿cómo no te dará los medios para sustentarlo y cubrirlo? Ese cuerpo que te dio es mucho más caro que cualquier vestimenta que puedas usar. Piensa: ¿Cuánto cuesta la piel que te cubre o uno de tus órganos? Si tuvieras que pagar por restaurar cualquier parte de tu cuerpo, te costaría una fortuna. ¡Imagínate el valor que tiene! Si ya te dio la piel, ¿no te dará vestido para cubrirla? Si ya te dio lo más valioso, es ilógico pensar que no te proveerá para cuidarlo. Cree, porque Dios te prosperará.

PEDID Y SE OS DARÁ

Si el Señor nos enseñó a pedir, entonces, ¿por qué hay quienes dicen que es malo hacerlo? Él vino a enseñarnos la verdad que nos hace libres, y una de sus enseñanzas era pedir. Hacerlo con libertad es la actitud de un hijo confiado. Yo le pido a Dios con la misma insistencia que de niño le pedía a mi madre. ¡Hacía lo que fuera necesario con tal de que me diera lo que le pedía! Me trepaba sobre ella cuando estaba dormida y le abría los párpados de sus ojos cerrados. Acercaba mi cara lo más cerca que podía, y le decía: «¡Mi bicicleta, mamá! ¿Cuándo me vas a dar mi bicicleta?».

¿Crees que a Dios no le gusta que sus hijos le pidan? Como padre me agrada que mis hijos me pidan porque significa que confían en mí. Sería terrible que le pidieran a otros y no a su padre. Cuando mis hijos aparecen con cosas ajenas, les digo: «Devuélvanlo, porque para eso tienen papá». A él tampoco le agrada que confíes en alguien o algo más para prosperar. Entonces, ¿por qué no quieres pedirle a Dios todo lo que necesitas para vivir? ¿Y cómo pedirás que su unción gloriosa te acompañe si no eres capaz de pedir las cosas cotidianas del diario vivir? Jesús enseñó a pedir porque sabe que el Padre te quiere dar.

Pide con confianza. Jesús dijo que si pedíamos, se nos daría; que si buscábamos, hallaríamos; y que si llamábamos a la puerta, se nos abriría. Veamos lo que dice el Evangelio de Lucas: «¿Qué padre de vosotros, si su hijo le pide pan, le dará una piedra? ¿o si pescado, en lugar de pescado, le dará una serpiente? ¿O si le pide un huevo, le dará un escorpión? Pues si vosotros, siendo malos, sabéis dar buenas dádivas a vuestros hijos, ¿cuánto más vuestro Padre celestial *dará el Espíritu Santo a los que se lo pidan*» (Lucas 11:9-13, RVR-1960, énfasis propio).

Hay tres cosas que debes aprender de este versículo. Lo primero es que el Señor anhela darte su Espíritu Santo. Si nosotros, padres humanos, siendo malos, cuando nuestros hijos piden comida no les damos piedras o serpientes, ¿cómo piensas entonces que Dios no te dará su Espíritu cuando se lo pidas? Si le pides a Dios su presencia o la llenura del Espíritu Santo, él te lo dará. Si le pides la unción, te ungirá. ¡Pídele! No esperes más, ora confiadamente y dile que derrame en abundancia de su Espíritu, ¡y lo hará!

Lo segundo es que te motiva a ser un padre que sabe dar buenas cosas a su familia. Esto es porque la llenura del Espíritu Santo no es para los avaros o tacaños, sino para personas que saben dar. Hay muchos que quieren ser siervos ungidos de Dios y no saben darle un buen abrazo o un beso a su mujer, mucho menos un buen regalo de aniversario. La gente que camina de la mano del Espíritu Santo sabe imitar al Padre en lo bueno. ¿Cómo el Señor no te dará al Espíritu Santo si ve que das lo mejor a tus hijos y a tu esposa? El Señor quiere llenar de su gloria a los padres que anhelan levantar a sus familias.

Padre de familia, el Señor quiere que seas tú quien le pida las buenas cosas para el hogar. No te olvides que siendo un padre responsable que provee, también eres hijo y como tal, puedes pedir.

Lo tercero y último es que, la Palabra compara la llenura del Espíritu con el alimento diario. Nos habla de una dieta balanceada a base de pescado, huevo y pan. La comparación no es casualidad. Cuando le pregunté a Dios al respecto, me mostró su deseo

No te olvides que siendo un padre responsable que provee, también eres hijo y como tal, puedes pedir.

de hacernos comprender que el Espíritu es indispensable, más que la comida. Si en promedio comemos tres veces diarias, con esa misma frecuencia deberíamos buscar su presencia. Lo que el Señor dice es que necesitas tanto la comida como al Espíritu Santo y que debes buscarlo con el mismo afán con el que trabajas para ganar el sustento diario.

Hay personas que creen que el Espíritu Santo es para una reunión especial y no para todos los días. Cuando llegas a casa y preguntas qué hay para cenar, tu esposa no te responde que no hay nada porque comiste ayer. Pero cuando se trata del Espíritu Santo, hay quienes dicen: «Yo fui lleno del Espíritu Santo en aquel retiro o seminario». Día a día seleccionamos lo que vamos a comer, pero relegamos al Espíritu Santo para ciertas ocasiones, sin darnos cuenta que necesitamos beber de él todo el tiempo.

Así como no podemos vivir sin comer, no debemos vivir sin el Espíritu Santo. El cuerpo se debilita sin alimento y el espíritu se muere sin su presencia. Dios nos dio la vida para vivirla plenamente y llenos de su Espíritu. Cada vez que llegues a la iglesia deberías entrar diciendo: «Hoy seré lleno».

EL ESPÍRITU SANTO Y LAS BUENAS COSAS

Veamos ahora en el Evangelio de Mateo el mismo pasaje que leímos anteriormente en Lucas acerca de pedir y notarás que el Espíritu Santo inspiró una Palabra distinta al final de este pasaje: «Pues si vosotros, siendo malos, sabéis dar buenas dádivas a vuestros hijos, ¿cuánto más vuestro Padre que está en los cielos *dará buenas cosas a los que le pidan?*» (Mateo 7:11, RVR-1960, énfasis propio).

Leímos en Lucas que el Padre quiere darle el *Espíritu Santo* a quien se lo pida, pero ahora vemos que Mateo dice que él quiere dar *buenas cosas*. Al inspirar las Escrituras, el Señor tuvo el detalle de poner en Mateo y en

Lucas que el Padre puede darnos tanto el Espíritu Santo como también buenas cosas si así lo pedimos. Para él es muy importante que sus hijos crean que pueden pedir su presencia y llenura, como también pedirle buenas cosas. Ambas vienen del Padre Celestial.

La frase «buenas cosas» en griego significa «algo bueno, de beneficio, usable, saludable, beneficioso, agradable». También significa «placentero, productor de gozo, excelente, distinguido, honorable y de calidad». Es decir que el Señor da cosas usables y agradables. Por eso dice: «No le dará un escorpión, ni una piedra». Dios te da algo para tu bienestar, lo que no necesariamente significa que te dará para tus deleites pecaminosos. Por ejemplo, no puedes pedir Internet para ver pornografía. Tú no les das a tus hijos algo que les hará daño. El Padre nos educa y provee a la vez. Hay hijos que no tienen una conducta correcta y quieren de todo, igual hay gente que se porta mal y quiere tener buenas cosas. Eso no es posible.

Ahora bien, para recibir ambas cosas necesitamos fe. Debo creer para que el Espíritu me llene y para recibir las cosas que necesito. No puedo decir que tengo fe para que me unja el Espíritu Santo y no para pedir las cosas que necesito para vivir, como los productos del supermercado, la renta o los estudios. Necesitas fe para pedir que la Gloria de Dios te acompañe, de la misma forma que la necesitas para pedir el sustento. La fe para ver los milagros es la misma que uso para pagar las cruzadas, el transporte del equipo, el sonido o las luces. Dios está interesado en lo espiritual y en lo material y necesitamos la fe para obtener ambos. Aprende a pedir y a recibir todo.

Necesitas fe para pedir que la Gloria de Dios te acompañe, de la misma forma que la necesitas para pedir el sustento.

CAPÍTULO 10

DONDE ÉL HABITA

Orando una noche en mi habitación, preparándome para ministrar en una cruzada de sanidad, el Señor me dio una Palabra que me impactó. Me dijo que la gente iría a las *Noches de Gloria* buscando su milagro de sanidad, y que él podía dárselo, pero que al día siguiente sus malos hábitos podrían enfermarlos de nuevo. Fue ese el día que el Señor abrió por completo mi entendimiento de que no puedo anhelar la sanidad divina sin atender la salud de mi cuerpo. No puedo creer en milagros sobrenaturales sin creer que el cuidado natural de mi cuerpo es importante.

Esa noche el Señor me hizo una promesa. Me dijo que incrementaría la unción sobre aquellas personas que respetaran su cuerpo y le dieran la importancia que merece. Es como tener una casa y recompensar a quien te la cuida. A nadie le gusta vivir en un lugar sucio y desordenado, lleno de telarañas, con moho o humedad. Por eso debemos cuidar nuestro cuerpo para ofrecer una morada digna al Espíritu Santo. Al cuidarnos le decimos que lo valoramos y que estamos conscientes de preparar aquello que luego llenará.

El Señor me reveló que él unge cuerpos, no espíritus, mentes ni almas. Jesús dijo: «El Espíritu de Dios está sobre mí», es como ungüento sobre la persona. La unción viaja en el cuerpo, de la cabeza a los pies, y se imparte al imponer nuestras manos. Podemos leerlo en la Biblia: «Es como el buen aceite que, desde la cabeza, va descendiendo por la barba, por la barba de Aarón, hasta el borde de sus vestiduras» (Salmo 133:2-3).

Hay quienes creen que el cuerpo es algo material, pasajero, que no tiene importancia en el mundo espiritual, pero de ser así, ¿por qué nos será dado un cuerpo en la resurrección? ¡Hasta en la eternidad se necesita uno!

Algunos menosprecian el cuerpo que Dios les dio y creen que cuidarlo es vanidad. Piensan que no tiene ninguna relación con la santidad o con Dios y que solo debemos guardar la mente y el espíritu. Pero están equivocados. Si no, ¿por qué el apóstol Pablo dijo: «Que Dios mismo, el Dios de paz, los santifique por completo, y conserve todo su ser —espíritu, alma y cuerpo— irreprochable para la venida de nuestro Señor Jesucristo» (1 Tesalonicenses 5:23)?

Nuestro cuerpo es la habitación del Espíritu Santo. La Escritura dice que no debemos profanar el templo de Dios y ese templo es nuestro cuerpo. En otro lugar dice que quien destruya al cuerpo, Dios lo destruirá a él. Esta es una amenaza muy fuerte que debemos tomar en cuenta para cuidarnos. Dios vive en el cuerpo de cada uno.

UN SACRIFICIO VIVO Y SANTO

Todos conocemos que el Señor tuvo un cuerpo en la tierra. Por eso tuvo que nacer de una virgen y crecer como un niño. Pero perdemos de vista lo importante que ese cuerpo fue para cumplir su propósito. En 1 Pedro 2:24 dice: «Él mismo, en su cuerpo, llevó al madero nuestros pecados, para que muramos al pecado y vivamos para la justicia. Por sus heridas ustedes han sido sanados».

Jesús llevó nuestros pecados en su cuerpo y por sus heridas fuimos sanados. Él nos reconcilió con Dios en su carne, por medio de la muerte, para presentarnos como un pueblo santo. Dios considera que el cuerpo es tan valioso, que nuestra redención se materializó a través del sacrifico del cuerpo y la sangre de Cristo, no a través de su espíritu o su presencia.

Imagina por un momento a Jesús con el rostro desfigurado, una corona de espinas sobre su cabeza, la espalda molida a latigazos y el costado atravesado por una lanza. En esas heridas llevó nuestras enfermedades y por ellas somos sanos del cáncer, la artritis, la migraña, la diabetes y cualquier otra dolencia humana. Imagina todas las enfermedades saliendo de los cuerpos de los hombres y entrando en el suyo, allí, clavado en la cruz del Calvario. Su cuerpo que hasta ese momento fue saludable y entero, concentró todos nuestros padecimientos y nos sanó. Para bendecir tu cuerpo, sometió el suyo a maldición.

Dios considera que el cuerpo es tan valioso, que nuestra redención se materializó a través del sacrifico del cuerpo y la sangre de Cristo, no a través de su espíritu o presencia.

Como cordero destinado a ser sacrificado, Jesús debió presentar un cuerpo perfecto. Hebreos 10:10 nos aclara: «Y en virtud de esa voluntad somos santificados mediante el sacrificio del cuerpo de Jesucristo, ofrecido una vez y para siempre».

La ofrenda de Jesús fue su cuerpo, preparado por Dios para ser sacrificado en la cruz. Él debió cuidarlo porque había que presentarlo sin desperfectos y saludable para tolerar toda la miseria humana. De la misma forma que debía estar libre de pecado para cargar con los nuestros, también debía estar libre de enfermedades para soportar las nuestras. ¿Te imaginas si la sangre que Jesús derramó en la cruz hubiera estado llena de colesterol o triglicéridos?

Para el Señor su cuerpo era muy importante. Nuestra salvación dependió de ello. Él cuidó su salud porque sabía que en su cuerpo se presentaría el sacrificio agradable al Padre. El velo era su carne y nos dio la entrada cuando se rasgó. Hoy, tú puedes entrar al lugar Santísimo a través de Jesucristo.

De igual manera, el apóstol Pablo nos dice que nosotros también debemos cuidar nuestro cuerpo para presentarlo en sacrificio al Señor: «Por lo tanto, hermanos, tomando en cuenta la misericordia de Dios, les ruego que cada uno de ustedes, en adoración espiritual, ofrezca su cuerpo como sacrificio vivo, santo y agradable a Dios. No se amolden al mundo actual, sino sean transformados mediante la renovación de su mente. Así podrán comprobar cuál es la voluntad de Dios, buena, agradable y perfecta» (Romanos 12:1-2).

Si no vemos a Dios obrar más en nuestra vida es porque seguramente hay algo que no hemos hecho bien. Si quieres más unción debes respetar más tu cuerpo, porque sobre él viaja su poder.

Cuando te acercas al Señor presentas tu cuerpo. Adoramos en espíritu y en verdad, pero lo hacemos levantando nuestras manos a él, cantando o danzando. Por eso, cuando ores, pregúntate: «¿Aceptará el Señor cómo estoy tratando mi cuerpo, o peco al presentarle un cuerpo indigno?». Si no vemos a Dios obrar más en nuestra vida es porque seguramente hay algo que no hemos hecho bien. Si quieres más unción debes respetar más tu cuerpo, porque sobre él viaja su poder. Mientras más lo santifiques, tendrás algo mejor que presentarle y tu mente será transformada. El que sabe presentar su cuerpo delante del Señor experimentará la renovación de su mente y vivirá con gusto la buena, agradable y perfecta voluntad del Señor.

AMARÁS CON TODAS TUS FUERZAS

La Biblia nos enseña que el principal mandamiento es: «Amarás a Jehová tú Dios de todo corazón, y con toda tu alma, y con todas tus fuerzas» (Deuteronomio 6:5). Cuando Dios habla de las fuerzas se refiere a las del cuerpo, por esa razón debemos cuidarlo bien, alimentarlo y nutrirlo. Amamos a Dios con el corazón y el alma, por eso debemos estar sanos, pero también lo amamos con las fuerzas de nuestro cuerpo.

El cuerpo es para el Señor y la Biblia nos enseña que todo lo que hagamos debe ser motivado por el deseo de agradarle. Dios no participa de ningún extremo, ni del descuido ni tampoco en el culto al cuerpo que algunos practican. No es lo mismo cuidar el cuerpo que vivir para él. Debes cuidar tu cuerpo para el Señor. Filipenses 3:17-19 dice: «Hermanos, sigan todos mi ejemplo, y fíjense en los que se comportan conforme al modelo que les hemos dado. Como les he dicho a menudo, y ahora lo repito hasta con lágrimas, muchos se comportan como enemigos de la cruz de Cristo. Su destino es la destrucción, adoran al dios de sus propios deseos y se enorgullecen de lo que es su vergüenza. Sólo piensan en lo terrenal».

Hay dos maneras de hacer del cuerpo nuestro dios. La primera de ellas es vivir para este con el único fin de lucirse y no para presentarse al Señor. La otra forma es descuidarlo, haciéndolo víctima de la gula y el paladar. Como ves, el cuidado del cuerpo no tiene nada que ver con ser gordo o flaco, sino con respetarlo como templo del Espíritu Santo.

Reflexiona sobre el trato que le das a tu cuerpo. Cambia tus hábitos si eres una persona cargada de ansiedad que lo utiliza para excesos. Deja los vicios que lo dañan, pero también aquellos alimentos, que aunque no son prohibidos, menoscaban la salud. Tú eliges qué comer. Él te ha dejado la responsabilidad de elegir. Dios nos ha dado el apetito y el estómago para digerir los alimentos, pero no significa que debes comer más de lo necesario. Ten dominio propio, ejercítate y busca mantenerte saludable. Usa tu cuerpo para glorificar a Dios.

EL CUIDADO DEL CUERPO Y EL SERVICIO A DIOS

Hace algún tiempo, cuando aún no habíamos inaugurado nuestro segundo templo, alquilábamos una bodega para congregarnos, y llegamos a tener hasta seis servicios dominicales. Yo predicaba en todos, pero terminaba exhausto, temblando, con fiebre. Mi espíritu soportaba predicar más, pero mi cuerpo no. Me di cuenta que el cansancio es enemigo de la unción. Cuando las fuerzas se agotan es más difícil orar y cuesta más creer que Dios se moverá. Decidí entonces cuidar más lo que comía y hacer ejercicio para tener mayor resistencia, esto me permitiría impartir a más personas lo que Dios me estaba hablando. Al no cuidarme, limito lo que soy capaz de dar a otros.

El cansancio es enemigo de la unción. Cuando las fuerzas se agotan es más difícil orar y cuesta más creer que Dios se moverá.

Yo quiero servir al Señor por muchos años, pero para continuar haciéndolo, incluso ya viejo, debo llegar con fuerzas y saludable. Para lograrlo, debo cuidarme ahora, mientras soy joven. El cuerpo se desgasta, de manera que si quieres servir más a Dios, ¡cuídalo! Podrás servirle tanto como tu cuerpo resista.

Como parte del cuidado procuro reposar, comer sanamente y hacer ejercicio, que son los pilares fundamentales de la salud. He aprendido que el cuerpo es como la planta que crece mejor con un sistema de riego por goteo, donde se le da solamente los nutrientes que necesita para crecer saludable. Es difícil decidir satisfacer más a nuestro cuerpo que a nuestro paladar, porque generalmente comemos lo que nos gusta y no lo que necesitamos para estar saludables. Por eso nos falta energía y tenemos problemas físicos. Personalmente, procuro tener una dieta balanceada. No me privo totalmente de los pequeños gustos, porque todo lo que el Señor nos provee es bueno con medida.

También me ejercito y tomo mucha agua pura. Procuro hacer ejercicio cardiovascular de manera regular, pues vivimos en un mundo demasiado sedentario. Vamos de la cama a la silla del desayunador, luego al automóvil y de allí al sillón del escritorio. ¡Nuestra rutina no puede ser más sedentaria! Permanecemos más tiempo sentados que parados, por lo que nuestro corazón ya no es tan eficiente para bombear la sangre. Es obvio que debemos cambiar.

Dentro de mis precauciones está intentar dormir más y mejor. Al descansar renovamos nuestras fuerzas y nuestra mente, teniendo más energía durante el día y una mente más clara para decidir. Aquellos que no reposan apropiadamente terminan agotados y suelen irritarse con facilidad. A largo plazo, esto es un grave problema para quienes sirven a Dios.

Una ilustración de lo que es el cuidado del cuerpo como morada del Espíritu Santo la encontramos en el agua envasada. No podemos beber sin un vaso o recipiente. Por esa razón debemos cuidar el vaso que siempre debe estar listo para ser llenado. Nosotros no podemos crear el agua, pero sí envasarla. Siendo el agua un elemento vital, es lógico que fabriquemos un buen envase que la contenga. Esta analogía sirve para ilustrar el cuidado del cuerpo. Si queremos ser llenos de su presencia debemos cuidar nuestro cuerpo, que es el recipiente a ser llenado. Seguramente el Señor depositará más en un envase bien preservado.

El cuidado y uso de nuestro cuerpo está íntimamente ligado a nuestra vida espiritual en oración. Por ejemplo, los discípulos del Señor, aunque deseaban seguirlo, fueron incapaces de velar con él durante una hora la noche que iba a ser entregado y por eso les dijo: «Estén alerta y oren para que no caigan en tentación. El espíritu está dispuesto, pero el cuerpo es débil» (Mateo 26:41).

Si quieres incrementar tu fe, debes orar constantemente buscando el mejor momento, no cuando estás cansado y agobiado. David decía que lo buscaba de madrugada porque era la hora del día que más fresco estaba. Otros acostumbramos buscarlo por la tarde, pues es el momento del día que tenemos más energías. Pero muchos cristianos ya no oran porque lo dejan de último, hasta finalizar sus tareas, cuando ya no les quedan fuerzas para hacerlo. La ausencia de fuerzas corporales impide buscar al Señor en oración, aunque lo anhelemos con todo el corazón. Sin energía no se puede orar. Por eso debes administrar tu tiempo y tus fuerzas para buscarlo en intimidad.

Sin energía no se puede orar. Por eso debes administrar tu tiempo y tus fuerzas para buscarlo en intimidad.

El ayuno es también una práctica espiritual relacionada al trato con el cuerpo. Este trae muchos beneficios, incluyendo el ejercicio del dominio propio, pues si puedes abstenerte de la comida a la que tienes derecho, podrás abstenerte de otras cosas que son prohibidas. El ejercicio de ese dominio propio y la consagración al Señor hacen del ayuno una herramienta poderosa para incrementar tu fe.

Si te das cuenta, nuestra vida de fe es directamente proporcional al trato que le damos a nuestro cuerpo. Así que este es más importante de lo que hemos creído y pensado.

PROPIEDAD DE ALGUIEN MÁS

Nuestro cuerpo le pertenece a Dios porque fue comprado por Jesucristo. Por lo tanto, es natural y lógico que Dios reclame tu cuerpo, porque le pertenece. No hay razón para que hagas lo que te plazca con él. Después del Señor, solamente tu cónyuge puede mandar sobre tu cuerpo.

En 1 Corintios 3:16-17 se nos advierte: «¿No saben que ustedes son templo de Dios y que el Espíritu de Dios habita en ustedes? Si alguno destruye el templo de Dios, él mismo será destruido por Dios; porque el templo de Dios es sagrado, y ustedes son ese templo».

La Palabra «santo» en la Biblia quiere decir «apartado para». Nuestro cuerpo es santo porque es templo del Espíritu Santo. Es decir, está apartado para Dios y luego para el cónyuge. Por eso dice: «Los alimentos son para el estómago y el estómago para los alimentos»; así es, y Dios los destruirá a ambos. Pero el cuerpo no es para la inmoralidad sexual sino para el Señor, y el Señor para el cuerpo» (1 Corintios 6:13).

¡Cuántas cosas compiten por nuestro cuerpo! ¿Por qué crees que una de las cosas más fuertes en la televisión es la pornografía? Somos persuadidos para utilizar el cuerpo en lo malo. Al hacerlo, la Biblia dice que Dios mismo nos destruirá, porque estamos destruyendo su templo. Por lo tanto, la estrategia del diablo es llevarte a destruir tu cuerpo y así forzar a Dios a cumplir su Palabra y dañarte.

EL MOTIVO PARA CUIDARME

He visto a muchos jóvenes que antes de casarse inician dietas y van al gimnasio porque desean lucir bien para su pareja en la luna de miel. Eso es bueno, pero sería mucho mejor que lo hicieran primero para el Señor. También es bueno cuidarte para evitar enfermedades, pero la presencia de Dios y su amor deberían motivarte más. ¿Puede más una luna de miel o el miedo a la muerte que el hecho de que tu cuerpo es el templo del Espíritu Santo? Como ves, hay muchos motivos que te pueden llevar a cuidar tu cuerpo, pero el correcto es saber que en él habita nuestro Dios.

El Espíritu Santo vive en tu cuerpo. Cuando te vistas, pregúntale a él si le parece bien lo que te vas a poner. No puedes decir que Jesús es tu Señor si ni siquiera le permites mandar en su casa, que es tu cuerpo. Si dices que tu cuerpo es de Dios, demuéstralo. Quienes hemos sido llamados al ministerio tenemos el deber de mantener bien el cuerpo para poder responder y alcanzar el premio del supremo llamamiento que nos ha dado.

No puedes decir que Jesús es tu Señor si ni siquiera le permites mandar en su casa, que es tu cuerpo.

Un día, algo te motivará a cuidar tu cuerpo. Puede ser un cáncer, la presión alta, tu luna de miel, un torneo, un deporte, o puede ser Jesús. ¿Cuidarás mejor tu cuerpo porque te han diagnosticado cáncer? ¿Comerás bien porque tienes el ácido úrico elevado? ¿Te ejercitarás para evitar un infarto? ¿O mantendrás bien tu cuerpo para presentárselo al Señor como sacrificio santo, vivo y agradable?

No es religiosidad cuidar y respetar nuestro cuerpo porque es templo de Dios, es el medio para presentarnos a él espiritualmente y también el vehículo de la unción. Cuando tocas tu cuerpo, tocas un miembro de Cristo. Por esto, podríamos decir que como tratas tu cuerpo, tratas a Cristo.

CAPÍTULO 11

USADO POR ÉL

Una de esas noches de intimidad con el Espíritu de Dios, el Señor comenzó a hablarme acerca de algo que sería clave para continuar el crecimiento del ministerio. Estaba meditando en mi cama, como suelo hacerlo a menudo, y me habló diciéndome que había tres resistencias que debíamos aprender a manejar.

La primera de ellas, me dijo, era la que el mismo Satanás nos pone como adversario, y me recordó la Escritura que dice: «Así que sométanse a Dios. Resistan al diablo, y él huirá de ustedes» (Santiago 4:7). Me mostró cómo debemos aprender a resistir sus ataques, y que, al darse cuenta que no nos damos por vencidos, terminará huyendo. Esta es la resistencia más nombrada dentro del pueblo de Dios, y la más fácil de entender y aceptar.

Luego me enseñó la segunda resistencia y me llevó al pasaje en el libro de Hechos 7:51 donde dice: «¡Tercos, duros de corazón y torpes de oídos! Ustedes son iguales que sus antepasados: ¡Siempre resisten al Espíritu Santo!».

Aquí me enseñó sobre la gente que resiste al Espíritu Santo por ser duros de corazón. Se oponen a la obra del Señor a través de los tiempos. Pareciera que es un asunto generacional, pues siempre han existido personas que se han opuesto a los profetas y apóstoles que han operado señales y maravillas y han hablado en nombre de Dios. Él me dijo que debía resistir al malo, es decir, al diablo, pero no resistir al bueno, su Espíritu. Cuando dejamos de resistir al Espíritu Santo y la obra que quiere hacer en nuestra vida, empezamos a caminar en comunión con él.

No obstante, la tercera resistencia es la que menos atención recibe: Las ofensas de las que somos objeto por parte de otros. Pude entender cómo estas quieren detenernos para no llegar a ser el hombre o la mujer que Dios quiere. Si logran anidarse en nuestro corazón y provocarnos enojos, resentimientos o amarguras, detendrán el bello fluir de la gracia de Dios a nuestra vida.

El Señor fue claro conmigo diciéndome: «Esta es la resistencia en la cual muchos de mis hijos y de mis ministros fallan, y por eso no puedo llevarlos a otro nivel». Añadió: «A aquellos predicadores que no sepan manejar las ofensas solo les hablaré para revelarles Palabra para mi pueblo, pero no les hablaré para tener intimidad con ellos». Entendí que los malos sentimientos que albergamos en contra de alguien afectan directamente nuestra relación con el Espíritu Santo y estorban la comunión con él. Tal vez podrías ser usado por Dios pero tu relación con él no sería la mejor.

Entendí que los malos sentimientos que albergamos en contra de alguien afectan directamente nuestra relación con el Espíritu Santo y estorban la comunión con él.

¿Cómo podría Dios usar a alguien si ha perdido la comunión con él? Recuerdas que Jesús dijo que un día vendrían a él diciéndole que en su nombre echaron fuera demonios o sanaron enfermos, y que diría: «Nunca los conocí, apártense de mí». Ellos fueron usados para milagros, pero no hicieron su voluntad; fueron respaldados, pero no aprobados. Si Dios bendice a alguien, no necesariamente quiere decir que su vida o sus obras han sido aprobadas por él. Es como el padre de familia que respalda a su hija en el día de su boda, aunque no apruebe la forma como tomó la decisión. Por eso no puedes esconderte detrás del fluir de la unción, debes buscar la aprobación de Dios en intimidad. Esta es la principal razón por la que debemos vencer esta resistencia.

LIBRE DE OFENSAS

Debemos perdonar cada ofensa que nos hacen, con o sin intención, pues de no hacerlo él dejará de perdonar nuestros pecados. El día que no perdonemos un pecado que se comete contra nosotros o una ofensa que alguien nos hizo, detendremos nuestro crecimiento porque Dios no responderá nuestras oraciones.

Esa noche transformadora el Señor me dijo: «Hay pecados que se comenten contra ti de los cuales yo me encargo, pero hay otros que no son pecados, sino solo ofensas. De esos te encargas tú».

Hay una diferencia entre los pecados y las ofensas. No todo lo que nos ofende es pecado, y deberíamos llegar a la madurez para aceptar que no todo pecado que se cometa contra nosotros debe ofendernos. Muchos pecaron contra el Señor Jesús, pero él nunca se ofendió o amargó, sino que los perdonó. Asombrosamente, aunque él nunca pecó, sí hubo gente que se ofendió. ¿Recuerdas cuando declaró que era el pan de vida y quien comiera de su carne nunca más tendría hambre? Muchos se ofendieron y dejaron de seguirle. Lamentablemente, hay quienes no han perdonado a otros por cosas que Dios no considera pecado.

Por ejemplo, ¿cuántos trabajadores están resentidos con su jefe porque les llamó la atención por llegar tarde? O, ¿cuántos hijos están ofendidos con sus padres y les dejan de hablar porque les corrigieron un error? No podemos juzgar algo como pecado solo porque nos ofende o nos entristece.

Dios tratará personalmente con aquellos que han pecado contra nosotros, pero a la vez espera que nosotros mismos tratemos con las ofensas que nos han hecho para que estas no impidan las bendiciones que él desea darnos. Cuando te sientas ofendido, no caigas en la tentación de hacerte la víctima y justificar la falta de perdón, sino vive libre de ofensas y aprende a superar todo aquello doloroso que te hayan hecho. Si quieres que el Espíritu Santo te use poderosamente debes ser una persona cuyo corazón, mente y alma estén sanos y libres de toda amargura.

Si quieres que el Espíritu Santo te use poderosamente debes ser una persona cuyo corazón, mente y alma estén sanos y libres de toda amargura.

Esa noche, el Señor estaba tratando conmigo fuertemente, no para que yo aprendiera a resistir al diablo, pues eso lo he hecho toda mi vida como hijo de Dios, ni tampoco para que no me resistiera al Espíritu Santo, porque él sabe que yo le amo y dejo que haga como quiera en mí. Lo que realmente quería era que yo escuchara sobre la tercera resistencia.

Todos estamos sujetos a las ofensas y criticas de otros y corremos el riesgo de que queden heridas en el corazón. En mi caso, como líder, inevitablemente me he convertido en una persona pública sin buscarlo y soy objeto de señalamientos porque no todas las personas están de acuerdo con lo que creo o enseño. También se han levantado personas que mienten y critican sin saber la verdad, incluso, inventan cosas sobre mí a pesar de que muestro una actitud de bendición hacia ellos. Si me descuido, esta situación podría causarme un conflicto interno, pero el Señor fue claro al decirme que no debería ofenderme porque él deseaba usarme poderosamente. Él quiere levantarme aún más y mi rencor no debe detener el fluir de sus bendiciones. Esa actitud de perdón sólo puede lograrse si el corazón se mantiene sano y libre de ofensas, tal como se encuentra el mío hasta el momento.

EL GUARDIÁN DE MI ALMA

Lee detenidamente 1 Pedro 2:20-24: «Pero ¿cómo pueden ustedes atribuirse mérito alguno si soportan que los maltraten por hacer el mal? En cambio, si sufren por hacer el bien, eso merece elogio delante de Dios. Para esto fueron llamados, porque Cristo sufrió por ustedes, dándoles ejemplo para que sigan sus pasos. «Él no cometió ningún pecado, ni hubo engaño en su boca». Cuando proferían insultos contra él, no replicaba con insultos; cuando padecía, no amenazaba, sino que se entregaba a aquel que juzga con justicia. Él mismo, en su cuerpo, llevó al madero nuestros pecados, para que muramos al pecado y vivamos para la justicia. Por sus heridas ustedes han sido sanados».

Este pasaje comienza hablando sobre aprender a padecer por hacer lo bueno y soportar las injusticias que nos hacen con buena conciencia para ser aprobados por Dios. Inmediatamente después nos dice que el Señor es nuestro ejemplo de actitud en la vida, quien llevó nuestras enfermedades en su cuerpo y por cuya herida fuimos sanos.

¿Te has preguntado qué relación hay entre el inicio del pasaje y el final, es decir, entre nuestra reacción a las ofensas y la sanidad? Nadie podrá ser usado para sanar a alguien mientras en su corazón albergue algo malo. No

Para ministrar en su poder se requiere que tengas un corazón que no guarde resentimiento contra nadie.

hay nadie que tenga malos deseos para una persona que sea usado para llevar sanidad a los demás. Si tienes un prejuicio contra ciertas personas, ¿cómo te va a usar para tocarlas con su poder? De igual manera, ¿cómo usará Dios a alguien para bendecirte si albergas en tu corazón algo contra él? Para ministrar en su poder se requiere que tengas un corazón que no guarde resentimiento contra nadie.

Quien responde con maldición no puede ser usado para bendecir. El que obra de esta forma demuestra ser terreno fértil para la ofensa y la amargura, entonces no podrá ser usado para sanar a otros. Muchos no son más ungidos porque guardan rencor contra alguien y tienen amargura en su corazón, entonces, se pierden el honor de fluir en su unción y ser instrumento de bendición para otros.

Jesús nos dio ejemplo de comportamiento ante los señalamientos y ofensas. Nunca devolvió los insultos, ofensas, maldiciones ni maltratos que recibió y nunca amenazó con vengarse. Debemos seguir sus pasos y aprender de su carácter, humillándonos y sujetando nuestra alma en esos momentos cuando parece más fácil devolver el mal. Aprendamos a padecer por hacer el bien, igual que el Señor lo hizo con tal de bendecirnos.

Ningún hijo de Dios debería tener algo contra alguien. Aprende a perdonar si quieres parecerte a Jesús. No creas que un alma sana es la que no ha recibido agravio, todo lo contrario, es aquella que ha sabido reaccionar y administrar sus sentimientos. Las ofensas buscan dañar tu alma pero es cuestión y decisión tuya permitirlo. Escuché una vez que nadie podía hacerte sentir menospreciado sin tu consentimiento. Ofenderte fácilmente es síntoma de un alma débil que aguanta poco y no es evidencia de una ofensa grave. Somete tu corazón a la disciplina del Señor y estarás siempre dispuesto a ser usado por él.

En una ocasión, me dolió mucho cuando algunas personas cercanas me ofendieron gravemente. Entonces, como siempre, oré de inmediato para perdonarlos pero en la medida que la paz del Señor me llenaba, descubrí que él mismo estaba muy enfadado por lo que me habían hecho. Tenía la certeza de que actuaría a mi favor si se lo pedía. Mi espíritu sabía que él movería su mano contra ellos y reflexioné. Comprendí que debía hacer otra oración. Le pedí al Señor que no actuara contra ellos como pensaba hacerlo y que pasara por alto la ofensa. Aunque sabía que podía pedir justicia o simplemente dejar que él la hiciera, creía que no era lo mejor para mí. Yo deseaba crecer en amor, por lo que dije al Señor que siendo yo el ofendido, tenía derecho a pedir misericordia para mis agresores. Actué de esta forma para tener mi corazón en paz y sentirme libre de toda ofensa con el objetivo de poder ministrar en su unción, porque no podría hacerlo con un alma enferma, deseosa de venganza.

Los mismos demonios quieren usar las ofensas que otros te hacen para que te canses y dejes de hacer el bien. Por eso debes perdonar en oración toda ofensa que recibas, pues de lo contrario el alma se enferma y comienza a tener deseos de devolverles mal. No hay una excusa valedera cuando se trata de ser usado por Dios. Debes tener un alma sana, pues no hay cosa más grata que vivir libre de sentimientos negativos contra de los demás.

Jesús es el obispo y el guardián de tu alma, y quiere que esté siempre sana para ser usada por él. Por eso, debes ser una persona capaz de mirar a todos a los ojos sin tener nada contra nadie. Tu manera de hablar se vuelve agradable y tu mirada se llena de luz cuando tienes paz. Se siente tan maravilloso poder levantar tus manos a Dios con un corazón puro y decirle: «¡Señor, úsame ahora!».

ADMINISTRANDO LOS SENTIMIENTOS

Una noche antes de una reunión de milagros, me postré en mi habitación a clamar y gemir pidiéndole el Señor que sanara a los enfermos. En mi deseo de que el Señor se moviera, oraba afligido para que hiciera algo por el necesitado. Mientras oraba, decía: «Señor, por favor, sánalos. Por favor, Señor, tócalos». El tono de mi voz era el de una persona que suplicaba y que no le ponía atención. Mi oración estaba llena de agonía y llanto, y era insistente, como diciéndole a Dios: «Te pido de esta forma para que así los sanes». Él me interrumpió y dijo: «¿Por qué me lo pides de esta manera, como si no quisiera sanarlos?». Me dio a entender que él era el más interesado en sanar a los enfermos, pues ¿cómo podría llevar nuestras enfermedades en su cuerpo y morir en la cruz para no sanarlos ahora? Si él pagó el precio es porque su interés es mayor que el nuestro. Así comencé a agradecerle al Señor por todos los milagros que veía. Al día siguiente la unción se derramó poderosamente sanando a muchos.

No podemos pedirle a Dios un milagro con nuestra boca, pero con nuestra actitud decirle que no creemos que quiera sanarnos.

No podemos pedirle a Dios un milagro con nuestra boca, pero con nuestra actitud decirle que no creemos que quiera sanarnos. Nadie llega a un centro comercial de compras gimiendo para que le vendan algo, ni entra a su casa lloriqueando para que su esposa le sirva la cena. Entonces, ¿por qué a Dios le pedimos así? Parece que no estamos pidiendo un milagro, sino que nos estamos desahogando.

Aprendí algo de tanto ministrar la sanidad: No importa cuánto duela la enfermedad, a Jesús se le saca un milagro con una sonrisa en los labios. Él no se mueve por las necesidades de la gente, sino por la fe. Si el poder de Dios se derramara por lástima a las necesidades, todos recibirían un milagro. A Dios lo mueve la fe, porque sin fe es imposible agradarle. Cuando oras creyendo por la sanidad de un enfermo, los sentimientos te pueden traicionar. Tienes que administrarlos para que no ataquen tu fe, que es el mayor capital que tienes.

En una oportunidad, estaba ministrando y me llevaron un niño con hidrocefalia para que orara por él. Cuando lo pusieron frente a mí, fue tal el impacto que recibí en mi interior al verlo e imaginarme su sufrimiento y el de su familia que lo único que supe hacer fue llorar. Era tan brusco el golpe de ver al enfermo que se me fue la fe. Cuando pude reponerme y hacer una oración, no sucedió nada. Más tarde fui a mi casa a orar y el Señor me reprendió: «Los enfermos no necesitan que llores con ellos», me dijo, «sino que creas con ellos». Fue así como tuve que aprender a manejar mis sentimientos para poder activar la fe en favor de los necesitados y alcanzar el milagro que están buscando. Ellos no vienen en busca de alguien que sienta lástima o tristeza por sus padecimientos, ellos buscan a alguien que declare la Palabra de fe para ser sanos.

Aquel que hace uso constante de la fe llega a comprender en qué momento fluye y en dónde se detiene. Por eso se aprende a administrar no solo la propia fe, sino también la de quienes acuden pidiendo oración. En algunas ocasiones, cuando estoy orando por otra persona, les pido que me miren. Lo hago porque veo que se acercan a pedir un milagro, pero están más afligidos por la enfermedad que creyendo en la respuesta. Ellos necesitan que se les ayude en su fe para que esta no decaiga, necesitan ver un destello de fe en los ojos de alguien más que los inspire a creer y les dé la seguridad de que Dios me usará para sanarlos. No necesitan decir el historial clínico de la enfermedad, pues no soy médico, sino que les ayude como pastor a creer en un milagro.

El Señor Jesús también ayudó a la gente a conservar su fe. Jairo, el principal de la sinagoga, le había rogado que fuese a su casa a orar por su hija de doce años que estaba enferma y de camino, en medio de la multitud, una mujer tocó su manto para ser sana de un flujo de sangre. El Señor se detuvo a hablar con ella. En ese momento llegaron unos enviados a decirle a Jairo que ya no molestara al maestro, pues su niña había muerto. Imagino que todo se derrumbó en el corazón de Jairo con esa noticia y sintió una enorme tristeza. Pero el Señor fue de inmediato a ministrar el sentimiento de temor que podría ahogar su fe, se volteó y le dijo: «No temas, cree solamente». No permitió que nadie más le siguiera, sino solamente Pedro, Juan y Jacobo, y al llegar a la casa pidió que salieran todos y solo dejó que entraran el padre y la madre de la niña. Tomándola de la mano, le dijo que se levantara, y ella comenzó a caminar. El Señor ministró la fe de Jairo a través de las adversidades que él enfrentó, y así lo ayudó a conseguir el milagro que estaba esperando.

EL PODER DE LA HONRA

En una oportunidad me sentía muy mal de salud, con mucho dolor de cabeza. Estaba en el centro de convenciones de un hotel rumbo a la plataforma para predicar, y me acompañaba un hermano de la iglesia a quien todos conocen por su fuerte personalidad. Cuando le dije que no me sentía muy bien y que padecía de ese malestar, él me dijo que oraría por mí en ese momento y que sería sano. Nos detuvimos, puso sus manos sobre mí y dijo con firmeza: «Satanás, no te permito que toques a mi pastor porque es un hombre de Dios. Lo dejas ahora en el nombre de Jesús». Luego añadió dirigiéndose hacia mí: «¡Queda sano ahora!». En ese momento sentí el poder de Dios. Si me hubiera puesto a pensar en el carácter de este hombre o en lo que otros decían de él, no hubiera creído que Dios podía usarlo. Pero no vi su debilidad sino vi al hijo de Dios en él. Creí que el Señor podía usarlo para un milagro, y en el momento que él oró, ¡quedé sano!

Debe haber honra para que exista un mover de milagros.

Debe haber honra para que exista un mover de milagros. El Señor Jesús sanó a muchos en varios lugares, pero en Nazaret, donde había crecido, no pudo hacer muchos milagros, solo unos pocos imponiendo las manos. Allí todos le veían como el hijo del carpintero de quien podían esperar una silla o una mesa, pero no como el Hijo de Dios que les podía sanar. Lo que tú ves en otros determina lo que podrás recibir de ellos. El Espíritu Santo se mueve donde hay honra a Dios y a sus escogidos, no donde hay crítica y murmuración. Vivimos en un Reino y debemos aprender a comportarnos como ciudadanos de ese Reino. Por ello debemos honrar a quienes representan al Señor.

Una de las reuniones de milagros más satisfactorias que hemos realizado fue la que se llevó a cabo en mi ciudad, Guatemala, en marzo de 2008. Por dos noches consecutivas el estadio nacional Mateo Flores se llenó. La gente ya no cabía en los graderíos y muchos se quedaron fuera, viendo a través de las pantallas. Tuvimos que pedirles por radio que ya no llegaran. La segunda noche, iniciamos dos horas antes de lo programado porque el estadio estaba lleno desde temprano. Muchas radios no cristianas apoyaron la convocatoria y varios pastores amigos asistieron para apoyar. Fue un evento poderoso que marcó nuestro ministerio y nuestra ciudad, haciendo realidad un sueño que guardaba en mi corazón desde que le entregué mi vida al Señor y le pedí que usara a un guatemalteco para bendecir a mi país como usaba a los extranjeros. Pero lo que más me agradó fue la actitud de las personas que acudieron masivamente, rompiendo así el paradigma de que no hay profeta honrado en su propia tierra. El Señor se manifestó poderosamente sanando a muchos porque vio honra.

Algunos creen que Dios no puede usarlos en su familia o en su país, porque mal interpretan el pasaje que dice que no hay profeta sin honra sino en su propia tierra. Si lees el contexto verás que la atención del pasaje no está en tu ciudad o país de origen, sino en la falta de honra. De ser el lugar de origen el problema, tendríamos que aceptar que en México no podría haber pastores mexicanos o que en Guatemala no habría predicadores chapines, sino que todos los llamados por Dios tendríamos que mudarnos de país. A lo que Jesús se refería era que en Nazaret no creían que alguien que había vivido allí y era carpintero podría sanarlos. Ellos no lo honraban como Hijo de Dios, y por eso no creyeron en el poder del Espíritu Santo que reposaba sobre él. Tú podrás fluir en la unción en el lugar donde se te respete y honre, ya sea en tu familia, vecindario, trabajo o universidad. Dios primero desea usarte para bendecir a la gente más cercana.

Cuando seas usado por Dios, debes tener cuidado con el orgullo, pero también con la falsa humildad que quiere aparentar virtud, haciéndose de menos. El Señor Jesús no habló mal de sí mismo, sino que siempre lo escuchas confesando quién era. Él dijo: «Yo soy la luz del mundo, el que en mí cree, no andará en oscuridad», «Yo soy la resurrección y la vida, el que cree en mí no morirá»; «Yo soy el Buen Pastor, el que pone la vida por sus ovejas». Una y otra vez lees sus declaraciones: «Yo soy el pan de vida», «Yo soy la puerta del redil», «Yo soy la vid verdadera», «Yo soy el camino, la verdad y la vida». Él hablaba bien de sí mismo porque creía en su identidad delante de Dios y de la gente. Su humildad no le impidió revelarse tal como era. ¿Sabes quién eres?

Solo reconociendo lo que tienes de Dios podrás dar algo a los demás. Cuando creas lo que eres y tienes en el Señor, confiésalo a los demás para que crean lo que pueden obtener a través tuyo. Cada vez que estoy listo para entrar a ministrar en una reunión de milagros en donde miles de personas están esperando su sanidad, el Señor me afirma con su voz. En ese momento el Espíritu me recuerda: «Eres uno de mis príncipes, sal y cree que serán sanos, y lo verás».

Cree tú lo mismo y verás cómo el Señor te usa con su unción poderosa para bendecir a muchos.

Cree tú lo mismo y verás cómo el Señor te usa con su unción poderosa para bendecir a muchos.

CAPÍTULO 12

SANANDO A LOS ENFERMOS

Una noche, hace muchos años, tuve un sueño que marcaría el inicio de un cambio poderoso en mi ministerio. Soñé con una evangelista muy usada en sanidades y milagros llamada Kathryn Kuhlman. Ella fue muy conocida internacionalmente por las poderosas manifestaciones que sucedían en sus cruzadas de sanidad divina en los estadios. En mi sueño, yo veía que ella había fallecido y una persona me llamaba para entregarme dos cajas, diciendo: «las dejó para usted». Yo me veía confundido, realmente no comprendía qué estaba sucediendo pero abría las cajas. La primera contenía libros y más libros, en la otra, había vestidos. Recuerdo que muy sorprendido, sacaba uno y preguntaba: «¿cómo quiere que me ponga esto?». Obviamente, el vestido era una figura del manto de la unción que recibiría, pero en ese momento no comprendía del todo.

Días después, repentinamente, sin yo buscarlo, una mujer a quien con cariño llamábamos Mamá Rosa me regaló un libro de Kathryn Kuhlman titulado *Vislumbres de gloria*. Lo curioso es que los libros de esta predicadora no se vendían en ninguna librería de mi país, y casualmente ella tenía uno. Sin saber nada del sueño, me lo obsequió. Inmediatamente después y sin que los buscara o comprara, llegaron a mis manos dos libros más de la misma autora. Los mensajes eran claros.

Cuando oraba una noche, el Señor dijo que me usaría para milagros de sanidad como la había usado a ella y que en mi interior, sabría cuando el tiempo llegara. Siempre había querido ser usado por Dios para sanar a otras personas. Desde niño me preocupaba por los demás y deseaba que nadie enfermara o sufriera. Mi madre recuerda que siendo pequeño, regalaba mis chamarras y chaquetas a las personas en la calle para que se cubrieran, aunque yo pasara frío. Cuando el Señor me dio esta promesa de obrar milagros de sanidad en reuniones masivas, ya me había adelantado porque desde antes, visitaba enfermos en hospitales o en sus hogares, oraba e imponía manos a las personas para que fueran sanas. Pero él quería hacer algo más impactante. Deseaba darme la unción para ministrar sanidad en reuniones multitudinarias, donde simultáneamente, muchos pudieran recibir su milagro.

Un día sucedió lo que tanto había esperado. Ministraba en una reunión cuando sentí su mano en mi espalda y vi su silueta a mi lado. Entendí que era él y emocionado le dije: «¡Señor, estás a mi lado!». Pero gentilmente, me respondió: «No, eres tú quien está a mi lado». Entendí que él es quien nos pone a su diestra, no somos nosotros quienes lo ponemos a nuestro lado. Luego vi que se paseaba en medio de todos y me dijo: «Declara a los enfermos sanos porque este es el día». En ese momento, con toda la fe de mi corazón y con mi voz más potente, empecé a declarar sanos a los enfermos y los milagros comenzaron a suceder simultáneamente. Esta fue la primera reunión masiva de milagros de sanidad en mi vida.

¡ÉL DESEA USARTE!

A veces la gente se acerca para decirme que seguramente Dios me usa porque soy buena persona y tengo buen corazón. Lo que no saben es que, de cierta forma, él me usa porque las personas creen que así será y lo mismo sucedería con ellos si lo creyeran de sí. ¿Por qué no tener fe para creer que también puede usarte? Dios quiere darte su poder para sanar enfermos con cáncer, paralíticos, ciegos y sordos. Él puede manifestarse a través de quien se crea digno de ser usado.

¿Por qué no usar tu fe para creer que él también puede usarte?

No pienses que tu conducta debe ser perfecta para que Dios pueda usarte. Sólo Jesús, el Cordero que derramó su sangre en la cruz para darnos acceso a la vida eterna, tuvo que ser perfecto porque debía ser entregado como sacrificio. Por lo tanto, no es tu conducta la que te da acceso a Dios, sino la gracia del Señor Jesucristo que se sacrificó por nosotros. Tú tienes entrada al trono de Dios gracias a él, no a ti y en esa gracia es que desea usarte con poder.

¿Crees que Dios puede usarte? No tienes que entender por qué te usa, pero debes creer que lo hace. Cuando miro mis defectos y debilidades, los que conozco más que cualquiera porque vivo con ellos, solo puedo agradecer su gracia. No dudo ni me cuestiono, simplemente creo que puede usarme, no porque yo sea, perfecto, sino porque prometió hacerlo. Eres tu propio verdugo si buscando la perfección, te condenas e impides que Dios te use. Él no puede usarte así. Por el contrario, su poder fluirá a través de ti si crees que su gracia puede ungirte tal como eres.

Deberíamos ver milagros todos los días y ser usados para que sucedan. He visto niños usados por Dios para hacer milagros, y jovencitos vestidos con playeras y con el cabello parado, peinado a la moda, ministrando poderosamente en la unción. Una nueva generación está floreciendo, pues creen en la presencia de Dios y su poder. Alguien podría decir que un niño no tiene la preparación

Él usa gente sencilla y genuina, y por eso quiere usarte a ti tal y como eres.

para ser un evangelista o que un muchacho carece de la madurez para ministrar en la unción del Espíritu Santo, pero así le creen a Dios. Él usa gente sencilla y genuina y por eso quiere usarte a ti tal y como eres.

CUMPLIENDO SUS ÓRDENES

Sanar enfermos es más que un don o un ministerio especial, es una orden que el Señor nos dio a todos los creyentes. Por lo tanto, es nuestra responsabilidad orar porque los enfermos sean sanos, sin importar si crees que tienes el don de la sanidad divina o no. Al obedecerlo, los milagros comenzarán a seguirte. Eres tú quien debe orar por los enfermos, no esperes que el Señor lo haga por ti. Eres tú quien, en el poder del Señor, debe sanarlos. Mira lo que dice la Palabra de Dios en Marcos 6:12-13: «Los doce salieron y exhortaban a la gente a que se arrepintiera. También expulsaban a muchos demonios y sanaban a muchos enfermos, ungiéndolos con aceite».

Si prestas atención al verso, notarás que eran los discípulos quienes sanaban, no el Señor. También fueron ellos quienes salieron a predicar y echaban fuera demonios, todo en el nombre de Jesús y bajo el poder del Espíritu Santo.

Los discípulos habían aprendido la responsabilidad que el Señor les había delegado de orar por los enfermos y lo hicieron, por eso los milagros los seguían. Esa misma orden tenemos tú y yo. Cuando realmente creas que eres quien debe hacer las cosas, vas a empezar a ejercer tu responsabilidad. Quien la cumpla verá el poder de Dios manifestarse en su vida.

Jesús ya pagó el precio para que los milagros ocurran, ahora nos ha dado la orden de que oremos por los enfermos. Por sus llagas fuimos curados y nos corresponde imponer manos, orar y creer. Tú y él son uno, y operan juntos para la sanidad de otros. Él te manda a hacerlo en su nombre, pues ya pagó el precio.

Cuando oras por un enfermo debes dar una orden para que reciba sanidad. Recuerdo que en una oportunidad, ministrando en una reunión de milagros, mientras oraba por los enfermos de manera general, di una Palabra de que los pies de una persona se estaban enderezando. A esa reunión había asistido un joven que nació con los pies torcidos, de tal manera que las partes delantera de los pies se juntaban hacia adentro, lo que le impedía saltar y correr como lo hacían sus amigos. Uno de sus sueños era poder jugar basquetbol, pero su impedimento lo limitaba. Cuando él escuchó la Palabra, la creyó, inclinó su cabeza hacia sus pies, y con toda la autoridad y determinación los señaló con su dedo índice y les dijo: «Eso es para ustedes, así que se enderezan ahora». En ese instante, ante sus ojos, los pies se enderezaron. Nadie oró por él o impuso manos, solo creyó la Palabra dada con autoridad y le ordenó a sus pies enderezarse, y así sucedió. Quienes lo conocían me contaron tiempo después que este joven ahora es un basquetbolista en su escuela. De igual manera ha sucedido con las personas que tienen pies planos. Cuando ordeno que queden sanos, aparecen varios niños y adultos testificando que en el momento que di la palabra se formó la curvatura en la planta de sus pies.

Cada vez que voy a una reunión de milagros sé que lo hago en representación del Señor, porque es él quien me envió a hacer milagros en su nombre, así que le ordeno a la enfermedad desaparecer y a los cuerpos quedar sanos. Al orar por los enfermos ejercemos autoridad en Cristo

Jesús. La autoridad es del Señor, pero te la delegó a ti. Es como el embajador de un país en otra nación. No es el presidente de su país, pero lo representa en actividades públicas hablando en nombre de él. Cuando oras o ministras en el nombre de Jesús, lo haces en su representación. No es por ser perfecto que Dios te va a usar, sino porque crees en la autoridad que te ha delegado en su nombre. Por lo tanto, cuando vayas a orar por alguien en nombre o en representación de Jesús, hazlo sabiendo que él fue quien te envió a hacer esa obra y su autoridad te respaldará.

DECLARA LA PALABRA

En Lucas 5:17-26 leemos la historia del paralítico que cuatro amigos bajaron desde el techo delante del Señor Jesús para que fuera sano. Podemos leer al inicio de la historia que el Señor no estaba orando por los enfermos sino solo enseñando, aunque el poder para sanar ya estaba sobre él. Leamos: «Un día, mientras enseñaba, estaban sentados allí algunos fariseos y maestros de la ley que habían venido de todas las aldeas de Galilea y Judea, y también de Jerusalén. Y el poder del Señor estaba con él para sanar a los enfermos» (v. 17).

Nota que la Biblia dice que el poder estaba con él para sanar, pero no estaba sanando a nadie en ese momento. Solamente enseñaba a los fariseos y maestros de la ley cuando fue interrumpido por cuatro hombres que abrían el tejado de la casa para bajar a un paralítico en una camilla. Como no encontraban la forma de llegar hasta donde estaba el Señor debido a la multitud presente, decidieron bajarlo por el techo. Me imagino que algunos se pudieron molestar por el desorden que esto ocasionó o la interrupción que provocó en la enseñanza, pero el Señor no. Él se detuvo, miró a aquel hombre recostado en su camilla y vio a sus amigos determinados a encontrar un milagro, quienes seguramente miraban lo que sucedía desde el agujero que habían hecho. No se habían detenido cuando no encontraron cómo entrar a la casa ni cuando la multitud no les dio permiso de pasar. Ellos creían que sería sano. Así que lo llevarían ante Jesús de cualquier forma, y de seguro a uno de ellos se le ocurrió la idea de subirlo en la camilla al techo, abrir el tejado y bajarlo por allí. ¡Imagínate los peligros a los que se arriesgaron! Ellos creían, y seguramente cada obstáculo que vencían incrementaba su fe. Por eso el Señor los vio, porque a él le agrada la fe. Cualquiera pensaría que obraría un milagro de inmediato, pero no fue así. Aunque tenía a un paralítico enfrente y el poder estaba sobre él para sanar, no lo sanó, sino que le dijo que sus pecados quedaban perdonados. Esto escandalizó a los fariseos y maestros de la ley, que pensaban que el Señor no tenía autoridad para perdonar pecados. Así que les preguntó qué era más fácil, si decirle a este hombre que sus pecados eran perdonados o que tomara su lecho y caminara. Nadie respondió, así que el Señor rompió el silencio y declaró la Palabra. Al hacerlo, aquel hombre que hasta ese día había sido paralítico, se enderezó poniéndose en pie en presencia de todos, tomó su camilla en la que estaba recostado y comenzó a caminar hacia su casa, glorificando a Dios. Este hombre quedó sano porque el Señor declaró la Palabra y así activó el poder sanador que estaba sobre él.

En tu boca hay poder. Puedes hacer uso de tus palabras y declarar con autoridad la sanidad.

En tu boca hay poder. Puedes hacer uso de tus palabras y declarar con autoridad la sanidad. No confieses solo tus problemas, las pruebas que atraviesas o las crisis financieras, declara que las promesas de Dios se cumplirán en ti. El Señor ya tenía el poder para sanar, pero no se activó hasta que declaró la Palabra. De igual manera la bendición de Dios puede estar junto a ti, pero solo se activará cuando la confieses. Cuando crees en la Palabra de Dios y la declaras, suceden maravillas.

ORANDO POR MULTITUDES

Nuestra primera cruzada formal de milagros comenzó luego de que unos amigos me invitaron a ministrar la presencia del Espíritu Santo a unas iglesias de Quito, Ecuador. En esas reuniones era tal la manifestación del poder de Dios que la gente se quedaba tirada en las aceras de afuera de la iglesia totalmente llena del Espíritu Santo.

Dentro del personal del colegio de esa iglesia había una jovencita, hija de otro pastor que presidía una iglesia influyente en la ciudad. Esta jovencita estuvo presente durante esas noches y por motivación propia le pidió a su papá permiso para invitarme a la iglesia de ellos a hacer lo mismo. Sin que yo lo supiera, le mostró un vídeo a su papá de lo que había sucedido en la iglesia en la que había ministrado, pero con tomas en las que no se mostraba mucho la manifestación del poder de Dios, pues había escogido escenas de una noche bastante tranquila y calmada, por lo que el papá accedió. Este pastor no se imaginaba lo que vendría, y en verdad, yo tampoco.

Días más tarde llegó una invitación a mi oficina para que fuera a ministrar a esa iglesia y el Espíritu Santo me guió a aceptarla. Las reuniones allí fueron gloriosas y el poder de Dios se derramó grandemente. El pastor y su familia fueron tocados poderosamente por el derramamiento del Espíritu Santo. Era tan fuerte lo que ocurría, que en mis momentos de oración a solas en el dormitorio donde me hospedaron, el Espíritu Santo me revelaba específicamente lo que iba a hacer con las personas, incluso dándome el nombre de cada una de ellas. Después de una semana de estar ministrando, los pastores me testificaron que había muchos enfermos sanados durante las reuniones. Estaban todos tan asombrados por lo que ocurría que me sugirieron hacer la primera reunión masiva de sanidades o cruzada de milagros, con el nombre de *Noches de Gloria*. Yo estaba muy emocionado, primero por los milagros ocurridos y luego porque tenía frente a mí la oportunidad de hacer mi primera reunión masiva que desde muy joven había soñado.

Los pastores me sugirieron hacerlas en el Coliseo Rumiñahui, el cual podía albergar cerca de dieciocho mil personas. Cuando me llevaron a verlo lo sentí gigantesco, y me pregunté: «¿Cómo voy a hacer para que este lugar se llene?». Y la pregunta siguiente fue: «¿Cómo haré para pagar esto?». Entonces me sugirieron invitar a algún cantante famoso para que ayudara con la convocatoria y que la gente viniera, pero yo me negué a esa propuesta. Mi respuesta en son de broma fue: «Lo vamos a hacer sin trucos. Que venga el que tenga hambre y sed de Dios y de su Santo Espíritu, y el que no, no tiene por qué venir».

Procuramos hacer todo con excelencia, poniendo lo mejor a nuestro alcance en sonido e iluminación y llevamos por primera vez las cámaras para filmar un programa de televisión. Nadie puso dinero para pagar la cruzada, pero esta fue la oportunidad para la cual, como conté anteriormente, habíamos decidido vender nuestra casa a fin de pagar el evento. Por supuesto que el Señor nos sorprendió al regresar a nuestro país, pues alguien nos ayudó a pagar el déficit de la misma.

El Coliseo estuvo lleno las tres noches de aquel mayo de 1999 y aproximadamente quince mil personas recibieron a Jesús como su Salvador durante aquellas noches. En esa primera cruzada pude ver a los ciegos recobrar la vista, a gente con miembros de su cuerpo muertos que ahora los podían mover y lo más asombroso, a un enfermo mental recuperarse. Al final, una mujer se me acercó y me dijo que todo había salido lindo, pero que solo había cometido un error, pues había gastado mucho dinero. Yo le respondí que no lo era, por el contrario, si hacía las cuentas de lo que habíamos invertido con la cantidad de personas que fueron salvas y bendecidas, nos había salido muy barato.

Fue así que emprendí la aventura de mi primera reunión de milagros bajo el nombre *Noches de Gloria*, el mismo que había utilizado en las reuniones de ministración de la presencia del Espíritu Santo. Cuando celebramos los diez años de iniciar estas noches, hicimos un recuento de lo que el Señor, en su misericordia, nos había permitido alcanzar. Nos dimos cuenta que más de un millón de personas habían hecho su confesión de fe durante estas reuniones, y que más aún habían sido sanos. Esto solo puede ser producto de la fidelidad de Dios en cumplir sus promesas.

Estoy creyendo porque un día sanarán todos los enfermos que asistan a una cruzada, como sucedía en el ministerio de Jesús, pero mientras ocurre, me gozo con los que sanan actualmente. Al terminar de ministrar, enfrento sentimientos contradictorios. Me alegro y emociono por aquellos que recibieron su milagro, pero no dejo de pensar en los que no lo lograron. Es triste ver a muchos que hacen largos viajes para llegar a la cruzada y regresan sin su milagro. Es doloroso e intercedo por ellos para que el Señor los toque en el camino de regreso, al siguiente día o en la próxima oportunidad que tengan porque sé que él desea sanarlos.

Muchos me preguntan por qué algunos no sanan y les respondo que no lo sé. Otros dan algunas razones pero no me atrevo a concluir ninguna. No puedo juzgar a quienes no sanan asegurando que no tienen fe, ya deben soportar suficiente dolor con su enfermedad para que además los condenemos. Nuestro deber es dar esperanza, motivarlos a creer en un milagro, porque si no fue en esa oportunidad, el Señor puede hacerlo el próximo día. Ellos deben decir: ¡hoy puede ser el día para recibir el milagro que anhelo.

Nuestro deber es dar esperanza, motivarlos a creer en un milagro. El Señor obrará este día o el próximo pero lo hará.

No puedo detenerme al ver los muchos que sí son sanos. Por eso celebro la victoria, pues cada milagro es un testimonio vivo de que el Señor sigue haciendo su obra aún hoy. Y por eso me asombro y me emociono mucho cada vez que escucho un testimonio, tanto que no puedo evitar reír, saltar de alegría y cantarle. Por eso le prometí al Señor que haría todo lo posible por contarle al mundo las maravillas que él hace hoy.

Un día el Señor me preguntó: «¿Quieres saber por qué te uso como lo hago?» Yo nunca le había preguntado porque no quería encontrar razones para gloriarme. Prefería ser usado sin saberlo, simplemente agradecido de su amor. Pero ese día que él me lo preguntó, le pedí que me lo dijera y respondió: «Porque lo que haces tiene relación directa con el sacrificio de Mi Hijo y siempre respaldaré eso. Predicas salvación, ministras sanidad y enseñas a la gente a prosperar. Mi Hijo pagó por todo eso al morir».

Dios está en el mover de los milagros. Pídele que te use para su gloria y honra, y él lo hará. Pídele su respaldo para hacer la obra y verás cómo harás cosas grandes para él. No busques protagonismo, solo busca servir. No busques fama, pero si Dios te la da, úsala para llevar a más personas a su lado. No busques dinero, pero si Dios te lo da, úsalo para alcanzar a más personas y bendecirlas. ¡Ve y haz su obra!

¿LA BICICLETA O YO?

Hace muchos años, cuando recién fundaba nuestra iglesia, experimenté un momento muy intenso. En mi interior, batallaba sobre algunos asuntos de mi llamado. Fue entonces cuando recibí una llamada sorpresiva. Era un día rutinario e hice una excepción a mi costumbre de llevar a mis hijos al colegio porque deseaba quedarme orando a solas en casa. En ese momento sonó el teléfono.

Atendí el llamado y escuché la voz de un hombre mayor que me preguntó:

—¿Se encuentra el siervo de Dios, Cash Luna?

Al principio me asombré por su saludo y hasta bromeé para mis adentros: «¿Qué salutación tan extraña es esta?»… repitiendo la misma declaración que le dijo la virgen María al ángel Gabriel.

—Sí, soy yo —respondí.

—Dice el Señor que lo llamó a predicar su evangelio a ricos y a pobres, a gente preparada académicamente y a los que ni siquiera saben leer ni escribir, y que en unos días será ungido como se ungían a los reyes y a los sacerdotes en el Antiguo Testamento.

Entonces le pregunté quién era, pero no me quiso dar su nombre. Solo me dijo que era un hombre de Dios y que sabía por el Espíritu que yo había estado orando la noche anterior pidiéndole a Dios una definición para mi vida. Me dijo las cosas específicas por las cuales había estado pidiendo, como si hubiera estado presente en esa oración. Luego de esa declaración, colgó. Me quedé asombrado, agradecido con Dios por darme muestras de su fidelidad.

A la semana siguiente, volvió a llamarme y coincidió con mi decisión de no acompañar a mi esposa para llevar a los niños al colegio. Esta vez me dijo que «el Señor me mandaba a no ser escaso, sino a que me ensanchara y extendiera el sitio de mi tienda». Esa era justo la Palabra con la que el Señor me había llamado un tiempo antes. Agregó que «Dios le había hablado para que él me ungiera con aceite, como un acto profético o una figura de lo que iba a venir, porque Dios me iba a ungir con su Espíritu». También me dijo que «nos esperaba a mi esposa y a mí en ayunas en una dirección concreta en un barrio en las afueras de la ciudad», y me dio su nombre. Me pareció un poco extraño, pero ya tenía referencias de ese nombre y sabía que administraba un asilo de ancianos y al escuchar todas las intimidades que sabía de mi relación con Dios, comprendí que definitivamente el Espíritu le había hablado de parte de Dios.

Así que mi esposa y yo nos preparamos en ayuno y acudimos a la cita el día señalado. Este hombre salió a recibirnos y al entrar, noté que el asilo tenía instalaciones muy precarias. Queriéndolo llamar a la prudencia sobre lo que él pensaba hacer, le dije: «Disculpe, pero ¿por qué me va a ungir si no me conoce? ¿Qué tal si está ungiendo a un «pícaro»?». Por supuesto que yo conocía mi conducta y estaba seguro de mi integridad, así que no lo dije por mí, sino por no caer en la imprudencia de algunos que imponen manos con ligereza y ungen para el ministerio a todo el que se le ocurre. Él me respondió con un tono de autoridad: «Mire, yo ya estoy viejo y si algo he aprendido en todos estos años es a oír a Dios y obedecerlo. Él me dijo que lo unja y eso haré».

Entonces, me prenguté: «¿Y por qué me voy a dejar ungir por este hombre?». No quería caer en el emocionalismo de aquellos que reparten llamados. Pero en ese momento el Señor me recordó la palabra de Romanos 12:16: «Háganse solidarios con los humildes», con los de baja condición». Y luego agregó: «Ninguno de los grandes te va a ungir para que siempre sepas que fui yo quien lo hizo y recuerdes de dónde te levanté». Y yo le respondí: «Está bien, así será Señor, úngeme».

Este hombre nos lavó los pies y luego nos sirvió la cena del Señor. Después puso unas toallas sobre el piso y nos mandó a hincarnos sobre ellas y sacó una jarra enorme de aceites con especias, similar a la fórmula del aceite de la unción con que se ungía los sacerdotes en el Antiguo Testamento. En ese momento, me imaginé que iba a mojar sus manos en el aceite y las pondría sobre mi cabeza, como se acostumbra hacer, o que tal vez untaría un poco en mi frente o sobre mi cabeza, pero no fue así. Para sorpresa nuestra, derramó el envase entero de aceite sobre nosotros, como si estuviéramos recibiendo un baño, de tal manera que quedamos empapados. Teníamos aceite en toda la cabeza, en la cara y en los hombros, se nos metió en los ojos y hasta dentro de la ropa. Estábamos muy tocados y quebrantados por el Señor. Ese día pude sentir su poder en ese lugar.

Cuando salimos le dije a mi esposa que la invitaba a una cafetería suiza localizada en lo que entonces era el centro comercial de mayor afluencia en la ciudad de Guatemala. Mi esposa accedió y me dijo que solo pasáramos por casa para asearnos y cambiarnos de ropas, pues escurríamos y olíamos a aceite, pero le pedí que fuéramos así como estábamos. Al llegar, nos sentamos en las mesas que daban hacia afuera, frente al pasillo por donde todos caminaban. Era tanto el aceite en nuestra cabeza que al intentar tomar un sorbo de café, las gotas caían dentro de la taza. Aquellos de la cafetería que nos conocían se extrañaron al vernos, pero no decían nada. En ese momento le dije a mi esposa: «Te invité a que tomáramos un café así, chorreando aceite, delante de toda esta gente que pasa por aquí, porque jamás nos avergonzaremos de su unción y de lo que es capaz de hacer».

En un tiempo cuando algunos hijos de Dios y ministros temen a las manifestaciones del Espíritu Santo y a las reacciones que nuestro cuerpo tiene al estar expuesto al poder de Dios, pues se avergüenzan de sus expresiones, yo quería asegurarme de que a mi corazón nunca le pasaría algo así. No pretendo entender con mi mente todo lo que Dios hace, pero en mi corazón acepto lo que viene de él.

Lo que mi esposa y yo hicimos esa tarde ante la vista de todos, con el aceite chorreando por nuestra cabeza, el pelo pegajoso y la ropa mojada, podría verse como vergonzoso para algunos, hasta humillante para otros. Pero para mí, mostrar el poder del Espíritu Santo al mundo es un honor. Por su misericordia, nuestro programa de televisión presenta a millones de hispanos los milagros y sanidades que se reciben en cada *Noche de Gloria*. No creo que sea casualidad que el Señor me use para publicar sus maravillas, seguramente él vio aquella peculiar escena en la cafetería y pensó: «Allí hay un hijo mío que no se avergüenza de mí ni de mi unción. Levantémoslo y usémoslo para publicar mi Evangelio».

No te avergüences del Espíritu Santo, como él nunca se avergüenza de ti. Camina y ten comunión con él, testifica sus obras y sentirás su compañía siempre.

No te avergüences del Espíritu Santo, como él nunca se avergüenza de ti.

MI PRESENCIA SIEMPRE IRÁ CONTIGO

Algunas veces me descubro haciendo la misma oración que Moisés hizo en el desierto. Cuando le preguntó al Señor quién lo acompañaría a la Tierra Prometida, Él le respondió que su ángel iría por delante. Pero Moisés le dijo que prefería quedarse en el desierto a caminar sin su presencia. Para él era mejor el desierto con Dios que la tierra donde fluye leche y miel sin su presencia.

Cuando estaba por casarme, todavía vivía en aquel pequeño cuarto donde aprendí a buscar la presencia de Dios y encontrarme con su Espíritu. También dormía en el pequeño catre prestado y antes de mudarme a la casa que compartiría con Sonia, mi esposa, le pedí al Señor que me acompañara. Le dije que su presencia era vital para mí donde yo fuera y que si no se mudaba conmigo, prefería quedarme allí. En ese momento hice una de aquellas oraciones de las que seguramente él se deberá reír: «Señor, si no vas conmigo, no me saques de aquí. Así que o haces más grande esta cama o más pequeña a Sonia, pero de aquí no me muevo». Por supuesto, su presencia nos visitó en la casa donde nos mudamos.

Cada vez que sucede un cambio en mi vida y ministerio, hago esa misma oración: «Señor, si no vienes conmigo, no me saques de aquí». La hice cuando me trasladé a la casa que construimos y cuando la iglesia inauguró

Si su presencia no me acompañara, de nada me serviría hacer lo que hago, por bueno que sea.

el nuevo templo. Si su presencia no me acompañara, de nada me serviría hacer lo que hago, por bueno que sea.

SIEMPRE TÚ, SEÑOR

Cuando de niño tuve ese encuentro con el Señor en mi dormitorio que relaté en los capítulos anteriores, quedé muy impactado y desde entonces comencé a oír una pequeña voz dentro de mi corazón que me guiaba y confrontaba.

Recuerdo claramente dos casos en los que me habló. Uno de ellos fue acerca de una bicicleta que de niño deseaba mucho. Era una estilo californiano, de las que estaban de moda en aquel entonces y que precederían a las famosas BMX. Yo la quería color rojo y le insistía a mi mamá mucho, todos los días, para que me la comprara.

Recuerdo una noche, cuando iba a dormir, que esa voz interna me decía claramente: «¿Prefieres la bicicleta o me prefieres a mí?». Sentía algo indescriptible en mi estómago cada vez que esa voz me hablaba, hasta se me revolvía y solo repetía: «¿La bicicleta o yo?». A pesar de tener esa gran ilusión de niño por mi bicicleta californiana color rojo, yo le respondía: « Tú, Señor, siempre serás tú. Si tengo que escoger entre una bicicleta y tú, vas a ser siempre tú, Señor». Parece una decisión fácil, pero no lo era para un niño de diez años. Casualmente la bicicleta llegó después, tal y como la había soñado, pues todas las cosas son añadidas cuando buscamos primeramente al Señor.

El segundo caso que recuerdo fue con un juego de patines. En aquellos tiempos no existían los patines de línea, eran solo las ruedidas en una estructura de metal donde se acomodaban los zapatos y se sujetaban con unas correas o ganchos. Los patines que yo quería tenían unas uñas para agarrarse, con interior plástico de color rojo, y eran muy deseados porque no lastimaban el zapato ni la suela. Yo estaba muy entusiasmado por obtener mis patines, cuando nuevamente vino a mí esa vocecita interna que me decía: «¿Los patines o yo?». Y yo le decía: «Tú, Señor, siempre serás tú».

Años más tarde, ya estaba pastoreando la iglesia en sus primeros meses después de fundada y necesitábamos un lugar para reunirnos. Alquilábamos el salón de un hotel mientras creíamos que Dios nos prosperaría para obtener nuestro propio lugar. Fue entonces cuando apareció un empresario diciendo que Dios le había ordenado construir un templo ubicado justo en la región donde yo quería establecer la iglesia, y llegó para hablarme. El templo estaba prácticamente terminado y este hombre estaba buscando un pastor a quien donárselo. ¡Te imaginarás cómo me emocioné! Yo era un pastor joven que recién comenzaba la iglesia, deseaba ver milagros y estaba creyendo que Dios iba a prosperar a la congregación. Con todos estos elementos sumados a la oferta de que querían donarnos un templo, era muy fácil concluir que era Dios lo había enviado. Pero he aquí la diferencia entre cualquier persona que concluye al ver las señales y una que escucha al Señor.

Este hombre nos visitó en una de nuestras reuniones el domingo siguiente. El poder de Dios se estaba derramando de forma impresionante y cosas extrañas a los ojos y a la mente humana natural estaban ocurriendo. Este hombre pertenecía a una corriente muy conservadora donde le enseñaron que estas cosas no deben suceder en la iglesia, así que se quedó sentado atrás, observando. Entonces, una jovencita endemoniada entró al lugar y fue tocada por el poder de Dios. Cayó al suelo y empezó a arrastrarse como una serpiente, tal como sucedía en los Evangelios, para luego ser liberada. Yo estaba detrás de un púlpito de madera y cuando volteé a ver a este hombre, estaba serio, de pie, con una mirada inquietante. Así que pensé calmar aquel derramamiento del poder de Dios para evitar el riesgo de que se arrepintiera y dicidiera no darnos el templo. ¡Dejaría de liberar a una joven por un templo!

En ese momento escuché de nuevo aquella voz que de niño me ponía a escoger entre la bicicleta o él y literalmente sentí como si me pusieran una mano en el pecho y la voz me dijo: «El templo o yo» y respondí: «Tú, Señor, cuando me pones a escoger, sabes que mi elección siempre serás tú. Por encima de cualquier bendición, siempre te escogeré a ti».

Obviamente, no me dieron el templo porque no detuve las manifestaciones del poder de Dios. Casualmente, años después, construimos en la misma región un templo para 3,500 personas, sin deudas ni créditos bancarios. Lo inauguramos en septiembre de 2,001, y ahora estamos construyendo uno para más de 12,000 personas, con aulas para 2,800 niños, con 3,600 lugares para estacionamiento y en un área de más de 32 hectáreas, el equivalente aproximado a 80 acres de tierra ó 40 manzanas.

Sus bendiciones te persiguen hasta atraparte cuando lo eliges a él por sobre todo.

Cuando lo escogí a él, dejé ir la donación de un templo, pero él hasta ahora, me ha dado la posibilidad de construir dos. Sus bendiciones te persiguen hasta atraparte cuando lo eliges a él por sobre todo.

Él nos ha dado una hermosa promesa: «Su presencia siempre irá con nosotros». Si un día debes elegir entre su comunión o una de sus bendiciones, grande o pequeña, escógelo a él, así como te escogió a ti. Jamás lo cambies por alguna de tus ilusiones, por hermosa que sea, ni siquiera por una bicicleta californiana de color rojo.

Recuerda, él es alguien, no algo.

Nos agradaría recibir noticias suyas.
Por favor, envíe sus comentarios sobre este libro
a la dirección que aparece a continuación.
Muchas gracias.

Vida@zondervan.com
www.editorialvida.com